吉川英治歴史時代文庫 14

宮本武蔵（一）

講談社

序

初版が出たのさえ十数年前だった。起稿を思い立った日からでは、もう、二十年ちかい歳月がながれている。

この書が、装幀を新たに、版をかさねて出るとなると、いつも私は過去茫々の想いにたえない。じつに世のなかはその間にすら幾変りも変遷してきた。

さる人が私にいった。「あなたの宮本武蔵はもう古典ですよ、一つの古典として在るわけでしょう」と。なるほど、そんなものかもしれないと私も苦笑した。それならそれで望外なことだと思う。

だが、何しろ作家としては、二十年ちかくも年をけみしてみると、今日では自分ながら意にみたない所も多く、わけて心の未成熟な自己のすがたが眼につくのであるが、しかしこれはこれなり私というものの全裸な一時代の仕事であったことにまちがいはない。後にどうつくろうべきものでもなかろう。ただ、時の流れと、時評の是々非々と、そして読者の需めにまかせるのみである。

昭和二八・晩秋

著　者

はしがき

――「旧序抄の」

　宮本武蔵のあるいた生涯は、煩悩と闘争の生涯であったといえよう。もちろん世代は遠く違うが、その二点では現代人もおなじ苦悩をまだ脱しきれてはいない。武蔵のばあいは、しかし、もっとも闘争社会の赤裸な時代であった。そして当然、かれも持つ本能の相のまま、なやみ、もがき、猛り泣いて、かかる人間宿命を、一箇の剣に具象し、その修羅道から救われるべき「道」をさがし求めた生命の記録が彼であったのだ。ということには、たれも異論はないと思う。

　人間個々が、未生からすでに宿してきた性慾、肉体の解決という課題が、文学の大事ならば、同列の人間宿命という闘争本能の根体を究明してゆくことも、大きな課題といってよい。

　主題の人間武蔵は、まちがいなく、その本能苦と闘ったものである。この無限にさえ見える宿命苦をふくめた宇宙が彼の住みかであり、一本の針にもたらないその剣は、かれの心の形象にすぎない。かれが求めた闘争即菩提――闘争即是道の道にすぎない。

影響を私はおそれる。影響に私は臆病である。私は、道学者じゃないが、それに思いおよぶと、細心になってしまう。

かりそめの一小説も、ときには、読者の生涯を左右する。

自分の書くものが、文学であり得る、文学でなくなる、そんな問題よりずっと上に、読者への影響いかんがまず位置している。それが自分の文学態度だといえるほどに。

もとより初めから興味中心でかいたものには、私とてそんなにまで決して潔癖でもないが、この書には特に、煩いがちなのである。

多年、この作品を介して、著者へよせられた読者の垂愛にたいして、私はそうならずにいられないとみえる。

一例にすぎないが、京都の桜の画家といわれた故K・U氏は、生活苦のはて、一家心中をこころにきめた日、たまたま、その日の夕刊に、武蔵が朝熊山をのぼる一章を読み、死をおもいとどまったのでしたと、後に朝日のT学芸部長を通じ、私を訪われて語られたことなどある。水泳の古橋選手も、将棋の升田八段も、この書のどこかを自身の精進に生かし得たということを、人づてに聞かされもした。こういうとき、私は、よろこびと張合いを感じもするが、より以上、苦痛にも似た自責をおぼえないではいられない。

さきに影響といったが、読者が、作家に与える影響というものもありうる。あるいは、いつかしら、私は多分に、読者から影響されていた者かも知れない。

大衆のなかに机をおき、大衆の精神生活と共にあろうとする文学の業は、孤高の窓で蘭を愛するようなわけにゆかないのがほんとだろう。ほんとに権化したらもっと恐い宿命の文学かも知れないのだ。

宮本武蔵の疑義されやすい点は、そして時には書評的な誤解をうけるのも、剣に象徴された人間や、封建の種々相などにあるのであろう。けれど正しい志向のもとに今日の世界観、社会観をもって来た読者には、もう剣なるものが過る憂いなどはないものと信じる。読者は娯楽するところに娯楽し、夢みるところに夢み、現実に照合しながら、読書味の自由に遊ぶのではないかとおもう。

もとより武蔵の剣は殺でなく、人生呪咀でもない。護りであり、愛の剣である。自他の生命のうえに、きびしい道徳の指標をおき、人間宿命の解脱をはかった、哲人の道でもある。

画人としての武蔵、文雅の余技面の彼は、その晩年期なので、小説宮本武蔵のうえでは、武蔵野屏風を描いたこととか、観音像の彫刻をした程度の、初期の文化的知性の芽ばえしか出ていない。

またかれの恋愛なども、かれとしての一型であって、強いたり教えたりしているものではない。しかし、現代の恋愛観の相映鏡にはなるであろう。合せ鏡に焦点をとらえる角度は、たれにでも自由である。

かれの姿を、現代と昔との二面鏡にとらえてみても、彼の剣が単なる兇器でないことは誰にも分ることとおもう。

昭和二四・二月　於、吉野村

旧序

宮本武蔵は、いつか一度は書いてみたいとのぞんでいた人物の一人であった。それを、東西両朝日新聞の紙上によって、一日一日、思いを果すような気持で構成して行ったのが、この書である。

わたしたち民衆のあいだに、宮本武蔵という名は、すでに少年の頃から親しみのなかにあったものだが、それは古い戯曲や旧時代の読本などで、あまりに誤られている変形のまぼろしであり、ほんとの宮本武蔵という人の心業は、ああいう文芸からは、片鱗もうかがうことはできない。

近年、宮本武蔵のあるいた生涯——「剣から入った人生の悟道」とか「人間達成への苦闘のあと」などが、まじめに考え出され、それがひとつの「武蔵研究」となってあらわれ、また美術史家たちの詮索による、彼の絵画史研究などもすすめられて来てはいるが、私のこの書は、もとより小説宮本武蔵である。学究的なそれではない。

といって、武蔵という人間の片鱗もない戯作には私とて不満であるし、また新たに書いても意味はない。書くからには、かつての余りに誤られていた武蔵観を是正して、やや実相に近い、そして一般の近代感とも交響できる武蔵を再現してみたいという希いを私はもった。――それと、あまりにも繊細に小智にそして無気力に堕している近代人的なものへ、私たち祖先が過去には持っていたところの強靭なる神経や夢や真摯な人生追求をも、折には、甦えらせてみたいという望みも寄せた。とかく、前のめりに行き過ぎやすい社会進歩の習性にたいする反省の文学としても、意義があるのではあるまいか、などとも思った。それらが、この作品にかけた希いであった。

だが、どの程度まで、それが達しられたであろうかは、私にはわからない。ただ、これが新聞のうえに掲載中は、不才のわたくしを鞭撻してくれた読者諸氏の望外な熱情と声援には、その過大にむしろわたくしは惧れたほどだった。新聞小説を書いて、未知辱知の人々から、こんなにも夥しい激励やら感想をうけた例は、今日までの私にはないほどだった。

また特に、記しておきたいのは、武蔵に関する郷土史料や記録などを、執筆中、絶えまなく寄せてくれた多くの未知の人々の好意である。それがどれほどわたくしのせまい知識をたすけてくれたことか知れない。

昭和一一・四　草思堂にて

目次

宮本武蔵（一）

地の巻

鈴

一

――どうなるものか、この天地の大きな動きが。もう人間の個々の振舞いなどは、秋かぜの中の一片の木の葉でしかない。なるようになッてしまえ。

武蔵(たけぞう)は、そう思った。

屍(かばね)と屍のあいだにあって、彼も一個の屍かのように横たわったまま、そう観念していたのである。

「――今、動いてみたッて、仕方がない」

けれど、実は、体力そのものが、もうどうにも動けなかったのである。武蔵自身は、気づいていないらしいが、体のどこかに、二つ三つ、銃弾(たま)が入っているに違いなかった。

ゆうべ。——もっと詳しくいえば、慶長五年の九月十四日の夜半から明け方にかけて、この関ケ原地方へ、土砂ぶりに大雨を落した空は、今日の午すぎになっても、まだ低い密雲を解かなかった。そして伊吹山の背や、美濃の連山を去来するその黒い迷雲から時々、サアーッと四里四方にもわたる白雨が激戦の跡を洗ってゆく。

その雨は、武蔵の顔にも、そばの死骸にも、ばしゃばしゃと落ちた。武蔵は、鯉のように口を開いて、鼻ばしらから垂れる雨を舌へ吸いこんだ。

——末期の水だ。

痺れた頭のしんで、かすかに、そんな気もする。

戦いは、味方の敗けと決まった。*金吾中納言秀秋が敵に内応して、東軍とともに、味方の石田三成をはじめ、浮田、島津、小西などの陣へ、逆さに戈を向けて来た一転機からの総くずれであった。たった半日で、天下の持主は定まったといえる。同時に、何十万という同胞の運命が、眼に見えず、刻々とこの戦場から、子々孫々までの宿命を作られてゆくのであろう。

「俺も、……」

と、武蔵は思った。故郷に残してある一人の姉や、村の年老などのことをふと瞼に泛べたのである。どうしてであろう、悲しくもなんともない。死とは、こんなものだろうかと疑った。だが、その時、そこから十歩ほど離れた所の味方の死骸の中から、一つの

死骸と見えたものが、ふいに、首をあげて、

「武やアん！」

と、呼んだので、彼の眼は、仮死から覚めたように見まわした。

槍一本かついだきりで、同じ村を飛び出し、同じ主人の軍隊に従いて、お互いが若い功名心に燃え合いながら、この戦場へ共に来て戦っていた友達の又八なのである。

その又八も十七歳、武蔵も十七歳であった。

「おうっ。又やんか」

答えると、雨の中で、

「武やん生きてるか」

と、彼方で訊く。

武蔵は精いッぱいな声でどなった。

「生きてるとも、死んでたまるか。又やんも、死ぬなよ、犬死するなっ」

「くそ、死ぬものか」

友の側へ、又八は、やがて懸命に這って来た。そして、武蔵の手をつかんで、

「逃げよう」

と、いきなりいった。

すると武蔵は、その手を、反対に引っぱり寄せて、叱るように、

「――死んでろっ、死んでろっ、まだ、あぶない」

その言葉が終らないうちであった。二人の枕としている大地が、釜のように鳴り出した。真っ黒な人馬の横列が、喊声をあげて、関ケ原の中央を掃きながら、此方へ殺到して来るのだった。

*旗差物を見て、又八が、

「あっ、福島の隊だ」

あわて出したので、武蔵はその足首をつかんで、引き仆した。

「ばかっ、死にたいか」

――一瞬の後だった。

泥によごれた無数の軍馬の脛が、織機のように脚速をそろえて、敵方の甲冑武者を騎せ、長槍や*陣刀を舞わせながら、二人の顔の上を、躍りこえ、躍りこえして、駈け去った。

又八は、じっと俯ッ伏したきりでいたが、武蔵は大きな眼をあいて、精悍な動物の腹を、何十となく、見ていた。

二

おとといからの土砂降りは、秋暴れのおわかれだったとみえる。九月十七日の今夜は、一天、雲もないし、仰ぐと、人間を睨まえているような恐い月であった。

「歩けるか」

友の腕を、自分の首へまわして、負うように援けて歩きながら、武蔵は、たえず自分の耳もとでする又八の呼吸が気になって、

「だいじょうぶか、しっかりしておれ」

と、何度もいった。

「だいじょうぶ！」

又八は、きかない気でいう、けれど顔は、月よりも青かった。

ふた晩も、伊吹山の谷間の湿地にかくれて、生栗だの草だのを喰べていたため、武蔵は腹をいたくしたし、又八もひどい下痢をおこしてしまった。勿論、徳川方では、勝軍の手をゆるめずに、関ケ原崩れの石田、浮田、小西などの残党を狩りたてているに違いはないので、この月夜に里へ這いだしてゆくには、危険だという考えもないではなかったが、又八が、

（捕まってもいい）

というほどな苦しみを訴えて迫るし、居坐ったまま捕まるのも能がないと思って決意をかため、垂井の宿と思われる方角へ、彼を負って降りかけて来たところだった。

又八は、片手の槍を杖に、やっと足を運びながら、

「武やん、すまないな、すまないな」

友の肩で、幾度となく、しみじみいった。

「何をいう」

武蔵は、そういって、しばらくしてから、

「それは、俺の方でいうことだ。浮田中納言様や石田三成様が、軍を起すと聞いた時、おれは最初しめたと思った。——おれの親達が以前仕えていた新免伊賀守様は、浮田家の家人だから、その御縁を恃んで、たとえ郷士の伜でも、槍一筋ひっさげて駈けつけて行けば、きっと親達同様に、士分にして軍に加えて下さると、こう考えたからだった。この軍で、大将首でも取って、おれを、村の厄介者にしている故郷の奴らを、見返してやろう、死んだ親父の無二斎をも、地下で、驚かしてやろう、そんな夢を抱いたんだ」

「俺だって！ ……俺だッて」

又八も、頷き合った。

「で——俺は、日頃仲のよいおぬしにも、どうだ、ゆかぬかと、すすめに行ったわけだが、おぬしの母親は、とんでもないことだと俺を叱りとばしたし、また、おぬしとは許婚の七宝寺のお通さんも、俺の姉までも、みんなして、郷士の子は郷士でおれと、泣いて止めたものだ。……無理もない、おぬしも俺も、かけがえのない、跡とり息子だ」

「うむ……」

「女や老人に、相談無用と、二人は無断で飛び出した。それまでは、よかったが、新免家の陣場へ行ってみると、いくら昔の主人でも、おいそれと、士分にはしてくれない。足軽でもと、押売り同様に陣借りして、いざ戦場へと出てみると、いつも姦見物の役や、道ごさえの組にばかり働かせられ、槍を持つより、鎌を持って、草を刈った方が多かった。大将首はおろか、士分の首を獲る機もありはしない。そのあげくがこの姿だ、しかし、ここでおぬしを犬死させたら、お通さんや、おぬしの母親に何と、おれは謝ったらいいか」

「そんなこと、誰が武やんのせいにするものか。敗け軍だ、こうなる運だ、何もかも滅茶くそだ、しいて、人のせいにするなら、裏切者の金吾中納言秀秋が、おれは憎い」

三

程経てから二人は、曠野の一角に立っていた、眼の及ぶかぎり野分の後の萱である、灯も見えない、人家もない、こんな所を目ざして降りて来たわけでないはずだがと、

「はてな、此処は？」

改めて、自分たちの出て来た天地を見直した。

「あまり、喋ってばかり来たので、道を間違えたらしいぞ」

武蔵が、つぶやくと、

「あれは、杭瀬川じゃないか」

と、彼の肩にすがっている又八もいう。

「すると、この辺は一昨日、浮田方と東軍の福島と、小早川の軍と敵の井伊や本多勢と、乱軍になって戦った跡だ」

「そうだったかなあ。……俺もこの辺を、駈け廻ったはずだが、何の記憶えもない」

「見ろ、そこらを」

武蔵は、指さした。

野分に伏した草むらや、白い流れや、眼をやる所に、おとといの戦で斃れた敵味方の屍が、まだ一個も片づけられずにある。萱の中へ首を突っ込んでいるのや、仰向けに背中を小川に浸しているのや、馬と重なり合っているのや、二日間の雨にたたかれて血こそ洗われているが、月光の下に、どの皮膚も、死魚のように色が変じていて、その日の激戦ぶりを偲ばせるに余りがあった。

「……虫が、啼いてら」

武蔵の肩で、又八は病人らしい大きな息をついた、泣いているのは、鈴虫や、松虫だけではなかった、又八の眼からも白いすじが流れていた。

「武やん、俺が死んだら、七宝寺のお通を、おぬしが、生涯持ってやってくれるか」

「ばかな。……何を思い出して、急にそんなことを」

「俺は、死ぬかもわからない」

「気の弱いことをいう。——そんな気もちで、どうする」

「おふくろの身は、親類の者が見るだろう。だが、お通は独りぼっちだ。あれやあ、嬰児のころ、寺へ泊った旅の侍が、置いてき放しにした捨子じゃといった、可哀そうな女よ、武やん、ほんとに、俺が死んだら、頼むぞ」

「下痢腹ぐらいで、なんで人間が死ぬものか。しっかりしろ」

はげまして――

「もう少しの辛抱だぞ、こらえておれ、農家が見つかったら、薬ももらってやろうし、楽々と寝かせてもやれようから」

関ケ原から不破への街道には、宿場もあり部落もある。武蔵は、要心ぶかく歩きつづけた。

しばらく行くとまた、一部隊がここで全滅したかと思われる程な死骸のむれに出会った。だがもう、どんな屍を見ても、残虐いとも、哀れとも二人は感じなくなっていた。そうした神経だったのに、武蔵は何に驚いたのか、又八もぎょっとして足をすくめ、

「あっ？……」

と軽くさけんだ。

累々とある屍と屍の間に、誰か、兎のように迅い動作で、身をかくした者があった。昼間のような月明りである。じっと、そこを見つめると、屈んでいる者の背がよくわかる。

――野武士か？

とは、すぐ思ったことだったが、意外にもそれはまだやっと十三、四歳にしかなるまいと思われる小娘であって襤褸てはいるが金襴らしい幅のせまい鉢の木帯をしめ、袂のまるい着物を着ているのである。――そしてその小娘もまた此方の人影をいぶかるものの如く、死骸と死骸との間から、迅こい猫のような眸を、じっと、射向けているのであ

った。

四

戦が熄んだといっても、まだ素槍や素刀は、この辺を中心に、附近の山野を残党狩りに駈けまわっているし、死屍は、随所に、横たわっていて、鬼哭啾々といってもよい新戦場である。年端もゆかない小娘が、しかも夜、ただひとり月の下で、無数の死骸の中にかくれ、いったい、何を働いているのか。

「……？」

怪しんでも怪しみ足りないように、武蔵と又八とは息をこらして、小娘の容子を、ややしばし見まもっていた。——が、試みに、やがて、

「こらっ！」

武蔵が、こう怒鳴ってみると、小娘のまろい眸は、あきらかにビクリとうごいて、逃げ走りそうな気ぶりを示した。

「逃げなくともいい。おいっ、訊くことがあるっ」

あわてていい足したが、遅かった。小娘はおそろしく素迅いのである。後も見ずに、彼方へ駈け出してゆく。帯の紐か袂に付けている鈴でもあろうか、躍ってゆく影につれて、弄るような美い音がして、二人の耳へ妙に残った。

「なんだろ？」

茫然と、武蔵の眼が、夜の狭霧を見ていると、

「物の怪じゃないか」

と、又八はふと身ぶるいした。

「まさか」

笑い消して、

「――あの丘と丘の間へ隠れた。近くに部落があると見える。脅さずに、訊けばよかったが」

二人がそこまで登ってみると、果たして人家の灯が見えた、不破山の尾根をひろく南へ曳いている沢である。灯が見えてからも、十町も歩いた、漸くにして近づいてみると、これは農家とも見えぬ土塀と、古いながら門らしい入口を持った一軒建である。柱はあるが朽ちていて、扉などはない門だった。入ってゆくと、よく伸びた萩の中に、母屋の口は戸閉されてあった。

「おたのみ申します」

まず、軽くそこを叩いて、

「夜分、恐れ入るが、お願いの者でござる。病人を、救っていただきたい、ご迷惑はかけぬが」

――ややしばらく返辞がない。さっきの小娘と、家の者とが、何か、ささやき合っているらしく思える。やがて、戸の内側で物音がした。開けてくれるのかと待っている

と、そうではなくて、

「あなた方は、関ケ原の落人でしょう」

小娘の声である。きびきびという。

「いかにも、私どもは、浮田勢のうちで、新免伊賀守の足軽組の者でござるが」

「いけません、落人をかくまえば、私たちも罪になりますから、ご迷惑はかけぬというても、こちらでは、ご迷惑になりますよ」

「そうですか。では……やむを得ない」

「ほかへ行って下さい」

「立ち去りますが、連れの男が、実は、下痢腹で悩んでいるのです。恐れいるが、お持ち合わせの薬を一服、病人へ頒けていただけまいか」

「薬ぐらいなら……」

しばらく、考えているふうだったが、家人へ訊きに行ったのであろう、鈴の音につれる跫音が、奥のほうへ消えた。

すると、べつな窓口に、人の顔が見えた。さっきから外を覗いていたこの家の女房らしい者が、はじめて言葉をかけてくれた。

「朱実や、開けておあげ。どうせ落人だろうが、雑兵なんか、御詮議の勘定には入れてないから、泊めてあげても、気づかいはないよ」

五

朴炭の粉を口いっぱい服んでは、韮粥を食べて寝ている又八と、鉄砲で穴のあいた深股の傷口を、せッせと焼酎で洗っては、横になっている武蔵と、薪小屋の中で二人の養生は、それが日課だった。

「何が稼業だろう、この家は」

「何屋でもいい、こうして匿まってくれるのは、地獄に仏というものだ」

「内儀もまだ若いし、あんな小娘と二人限りで、よくこんな山里に住んでいられるな」

「あの小娘は、七宝寺のお通さんに、どこか似てやしないか」

「ウム、可愛らしい娘だ、……だが、あの京人形みたいな小娘が、なんだって、俺たちでさえもいい気持のしない死骸だらけな戦場を、しかも真夜半、たった一人で歩いていたのか、あれが解せない」

「オヤ、鈴の音がする」

耳を澄まして——

「朱実というあの小娘が来たらしいぞ」

小屋の外で、跫音が止まった。その人らしい。啄木のように、外から軽く戸をたたく。

「又八さん、武蔵さん」

「おい、誰だ」

「私です、お粥を持って来ました」

「ありがとう」

筵の上から起き上がって、中から錠をあける。朱実は、薬だの食物だのを運び盆にのせて、

「お体はどうですか」

「お蔭で、この通り、二人とも元気になった」

「おっ母さんがいいましたよ、元気になっても、余り大きな声で話したり、外へ顔を出さないようにって」

「いろいろと、かたじけない」

「石田三成様だの、浮田秀家様だの、関ケ原から逃げた大将たちが、まだ捕まらないので、この辺も、御詮議で、大変なきびしさですって」

「そうですか」

「いくら雑兵でも、あなた方を隠していることがわかると、私たちも縛られてしまいますからね」

「分りました」

「じゃあ、お寝みなさい、また明日――」

微笑んで、外へ身を退こうとすると、又八は呼びとめて、

「朱実さん、もう少し、話して行かないか」

「嫌！」

「なぜ」

「おっ母さんに叱られるもの」

「ちょっと、訊きたいことがあるんだよ。あんた、幾歳？」

「十五」

「十五？ 小さいな」

「大きなお世話」

「お父さんは」

「いないの」

「稼業は」

「うちの職業のこと？」

「ウム」

「もぐさ屋」

「なるほど、灸の艾は、この土地の名産だっけな」

「伊吹の蓬を、春に刈って、夏に干して、秋から冬にもぐさにして、それから垂井の宿場で、土産物にして売るのです」

「そうか……艾作りなら、女でも出来るわけだな」

「それだけ？　用事は」

「いや、まだ。……朱実さん」

「なアに」

「この間の晩——俺たちがここの家へ初めて訪ねて来た晩さ——。まだ死骸がたくさん転がっている戦の跡を歩いて、朱実ちゃんはいったい何していたのだい。それが聞きたいのさ」

「知らないッ」

ぴしゃっと戸をしめると、朱実は、袂の鈴を振り鳴らして、母屋のほうへ駈け去った。

毒茸

一

五尺六、七寸はあるだろう、武蔵は背がすぐれて高かった、よく駈ける駿馬のようである。脛も腕も伸々としていて、唇が朱い、眉が濃い、そしてその眉も必要以上に長く、きりっと眼じりを越えていた。

——豊年童子や。

郷里の作州宮本村の者は、彼の少年の頃には、よくそういってからかった。眼鼻だちも手足も、人なみはずれて寸法が大きいので、よくよく豊年に生まれた児だろうというのである。

又八は、その「豊年童子」にかぞえられる組だった。だが又八のほうは、彼よりいくらか低くて固肥りに出来ていた。碁盤のような胸幅が肋骨をつつみ、丸ッこい顔の団栗眼を、よくうごかしながら物をいう。

いつのまに、覗いて来たのか、

「おい、武蔵、ここの若い後家は、毎晩、白粉をつけて、化粧しこむぞ」

などとささやいたりした。

どっちも若いのである。伸びる盛りの肉体だった、武蔵の弾傷がすっかり癒る頃には、又八はもう薪小屋の湿々した暗闇に、じっと蟋蟀のような辛抱はしていられなかった。

母屋の炉ばたにまじって、後家のお甲や、小娘の朱実を相手に、万歳を歌ったり、軽口をいって、人を笑わせたり、自分も笑いこけている客があると思うと、それがいつの間にか、小屋には姿の見えない又八だった。

——夜も、薪小屋には寝ない晩のほうが多くなっていた。

たまたま、酒くさい息をして、

「武蔵も、出て来いや」

などと、引っぱり出しに来る。

初めのうちは、

「ばか、俺たちは、落人(おちゅうど)の身じゃないか」

と、たしなめたり、

「酒は、嫌いだ」

と、そっけなく見ていた彼も、ようやく倦怠(けんたい)をおぼえてくると、

「――大丈夫か、この辺は」

小屋を出て、二十日ぶりに青空を仰ぐと、思うさま、背ぼねに伸びを与えて欠伸(あくび)した。そして、

「又やん、余り世話になっては悪いぞ、そろそろ故郷(くに)へ帰ろうじゃないか」

と、いった。

「俺も、そう思うが、まだ伊勢路も、上方の往来も、木戸が厳しいから、せめて、雪のふる頃まで隠れていたがよいと、後家もいうし、あの娘もいうものだから――」

「おぬしのように、炉ばたで、酒をのんでいたら、ちっとも、隠れていることにはなるまいが」

「なあに、この間も、浮田中納言様だけが捕まらないので、徳川方の侍らしいのが、躍起(やっき)になって、ここへも詮議(せんぎ)に来たが、その折、あいさつに出て、追い返してくれたのは俺だった。薪小屋の隅で、跫音(あしおと)の聞えるたび、びくびくしているよりは、いっそ、こうしている方が安全だぞ」

「なるほど、それもかえって妙だな」

彼の理窟とは思いながら、武蔵も同意して、その日から、共に母屋へ移った。

お甲後家は、家の中が賑やかになってよいといい、欣んでいるふうこそ見えるが、迷惑とは少しも思っていないらしく、

「又さんか、武さんか、どっちか一人、朱実の婿になって、いつまでもここにいてくれるとよいが」

と、いったりして、初心な青年がどぎまぎするのを見てはおかしがった。

二

すぐ裏の山は、松ばかりの峰だった。朱実は、籠を腕にかけて、

「あった！　あった！　お兄さん来て」

松の根もとをさぐり歩いて、松茸の香に行きあたるたびに、無邪気な声をあげて叫んだ。

少し離れた松の樹の下に、武蔵も、籠を持ってかがみこんでいた。

「こっちにもあるよ」

針葉樹の梢からこぼれる秋の陽が、二人の姿に、細かい光の波になって戦いでいた。

「さあ、どっちが多いでしょ」

「俺のほうが多いぞ」

朱実は、武蔵の籠へ手を入れて、

「だめ！　だめ！　これは紅茸、これは天狗茸、これも毒茸」

ぽんぽん選り捨ててしまって、

「私の方が、こんなに多い」

と、誇った。

「日が暮れる——帰ろうか」

「負けたもんだから」

朱実は、からかって、雉子のような迅こい足で、先に山道を降りかけたが、急に顔いろを変えて、立ちすくんだ。

中腹の林を斜めに、のそのそと大股に歩いて来る男があった。ぎょろりと、眼がこっちへ向く。おそろしく原始的で、また好戦的な感じもする人間だった。獰猛そうな毛虫眉も、厚く上にめくれている唇も、大きな野太刀も鎖帷子も、着ている獣の皮も。

「あけ坊」

朱実のそばへ歩いて来た。黄いろい歯を剝いて笑いかけるのである。しかし、朱実の顔には、白い戦慄しかなかった。

「おふくろは、家にいるか」

「ええ」

「帰ったらよくいっておけよ。俺の眼をぬすんでは、こそこそ稼いでいるそうだが、そのうちに、年貢を取りにゆくぞと」

「…………」

「知るまいと思っているだろうが、稼いだ品を売かした先から、すぐ俺の耳へ入ってくるのだ。てめえも毎晩、関ケ原へ行ったろう」

「いいえ」

「おふくろに、そういえ。ふざけた真似しやがると、この土地に置かねえぞと。――いいか」

睨みつけた。そして、運ぶにも重たそうな体を運んで、のそのそと沢のほうへ降りて行った。

「なんだい、あいつは？」

武蔵は、見送った眼をもどして、慰め顔に訊いた。朱実の唇はまだ脅えをのこして、

「不破村の辻風」

と、かすかにいった。

「野武士だね」

「ええ」

「何を怒られたのだい？」

「…………」

「他言はしない。――それとも、俺にもいえないことか」

朱実はいいにくそうに、しばらく惑っているふうだったが、突然、武蔵の胸にすがって、

「他人には、黙っていてください」

「うむ」

「いつかの晩、関ケ原で、私が何をしていたか、まだ兄さんには分りません？」

「……分らない」

「私は泥棒をしていたの」

「えっ？」

「戦のあった跡へ行って、死んでいる侍の持っている物——刀だの、笄だの、香い嚢だの、なんでも、お金になる物を剝ぎ取って来るんですよ。怖いけれど、食べるのに困るし、嫌だというと、おっ母さんに叱られるので——」

三

まだ陽が高い。

武蔵は、朱実にもすすめて、草の中へ腰をおろした。伊吹の沢の一軒が、松の間を透かして、下に見える傾斜にある。

「じゃあ、この沢の蓬を刈って、艾を作るのが職業だと、いつかいったのは嘘だな」

「え。うちのおっ母さんという人は、とても贅沢な癖のついている人だから、蓬なんか

刈っているくらいでは、生活がやってゆけないんです」

「ふウむ……」

「お父っさんの生きていた頃には、この伊吹七郷で、いちばん大きな邸に住んでいたし、手下もたくさんに使っていたし」

「おやじさんは、町人か」

「野武士の頭領」

朱実は、誇るくらいな眼をしていった。

「――だけどさっき、ここを通った辻風典馬に、殺されてしまった……。典馬が殺したのだと、世間でも皆いっています」

「え。殺された？」

「…………」

頷く眼から、自分でも許らぬもののように、涙がこぼれた。十五とは見えない程、この小娘は身装は小さいし、言葉もひどくませていた。そして時には、人の目をみはらせるような迅こい動作を見せたりするので、武蔵は、遽かに、同情をもてなかったが、膠で着けたような睫毛から、ぽろぽろと涙をこぼすのを見ると、急に抱いてやりたいような可憐さを覚えた。

しかし、この小娘は、決して尋常な教養をうけてはいないらしく思える。野武士という父からの職業を、何ものよりいい天職と信じているのだ。泥棒以上な冷血な業も、喰べて生きるためには、正しいものと、母から教えこまれているに違いない。

もっとも長い乱世を通して、野武士はいつのまにか、怠け者で生命知らずな浮浪人には、唯一の仕事になっていた。世間もそれを怪しまないのである。領主もまた戦争のたびに、彼らを利用し、敵方へ火を放けさせたり、流言を放たせたり、敵陣からの馬盗みを奨励したりする。もし領主から買いに来ない場合は、戦後の死骸を剝ぐか、落人を裸体にするか、拾い首を届けて出るか、いくらでもやることがあって、一戦あれば半年や一年は、自堕落にて食えるのであった。

農夫や樵夫の良民でさえ、戦が部落の近くにあったりすると、畑仕事はできなくなるが、後のこぼれを拾うことによって、不当な利得の味をおぼえていた。

野武士の専業者は、そのために縄張りを守ることが厳密だった。もし、他の者が、自己の職場を犯したと知ったら、ただはおかない鉄則がある。必ず残酷な私刑によって自己の権利を示すのだった。

「どうしよう?」

朱実は、それを恐れるもののように、戦慄した。

「きっと、辻風の手下が、来るにちがいない……来たら……」

「来たら、俺が、挨拶してやるよ、心配しないがいい」

山を降りて来たころ——沢はひっそり黄昏れていた、風呂の煙が一つ家の軒からひろがって、狐色の尾花の上を低く這っている。後家のお甲は、いつものように、夜化粧を

すまして、裏の木戸に立っていた。そして、朱実と武蔵が、寄り添って、帰ってくる姿を見かけると、

「朱実っ――、何しているのだえっ、こんな暗くなるまで！」

いつにない険のある眼と声があった。武蔵は、ぼんやりしていたが、この小娘は、母の気持に何よりも敏感である。びくッとして、武蔵のそばを離れたと思うと、顔を紅めながら、先へ駈けだしていた。

四

辻風典馬のことを、あくる日、朱実から聞かされて、急に慌てたらしいのである。

「なぜもっと早く、いわないのさ！」

お甲後家は、叱っていた。

そして、戸棚の物、抽斗の中の物、納屋の物など、一所へ寄せ集めて、

「又さんも、武さんも、手伝っておくれ、これをみんな天井裏へ上げるのだから――」

「よし来た」

又八は、屋根裏へ上がった。

踏み台に乗って、武蔵は、お甲と又八の間に立ち、天井へ上げる物を、一つ一つ取り次いだ。

きのう朱実から聞いていなければ、武蔵は胆を潰したに違いない。永い間であろう

が、よくもこう運び込んだものと思う。短刀がある、槍の穂がある、鎧の片袖がある。また、鉢のない兜の八幡座*だの、懐に入るぐらいな豆厨子だの、数珠だの旗竿だの、大きな物では、蝶貝や金銀で見事にちりばめた鞍などもあった。

「これだけか」

天井裏から、又八が顔を見せる。

「も一つ」

お甲は、取り残していた四尺ほどの黒樫の木剣を出した、武蔵が間でうけとった。反り味と、重さと固い触感とが、掌に握ると、離したくない気持を彼に起させた。

「おばさん、これ、俺にくれないか」

武蔵がねだると、

「欲しいのかえ」

「うむ」

「………」

遣るとはいわないが、当然、武蔵の意思をゆるしているように、笑靨でうなずく。

又八は、降りて来て、ひどく羨ましい顔をした。お甲は笑って、

「拗ねたよ、この坊やは」

と、瑪瑙珠のついている革巾着を、彼には与えたが、あまり欣しがらなかった。

夕方——この後家は、良人のいたころからの習慣らしく、必ず風呂に入って、化粧し

て、晩酌をたしなむ。自分のみでなく、朱実にもそうさせる、性質が派手ずきなのだ、いつまでも若い日でありたい質なのだ。

「さあ、みんなお出で」

炉をかこんで、又八にも酌ぐし、武蔵にも杯を持たせた。どうことわっても、

「男が、酒ぐらい飲めないで、どうしますえ。お甲が、仕込んであげよう」

と、手くびを持って、無理に強いたりした。

又八の眼は、時々、不安な浮かない顔つきになって、じっとお甲の容子に見入った。お甲はそれを感じながら、武蔵の膝へ手をかけ、このごろ流行る歌というのを、細い美音で口遊んで、

「今の謡は、わたしの心。——武蔵さん、分りますか」

といったりした。

朱実が、顔を外向けているのも関わず、若い男の羞恥みと、一方の妬みとを、意識していうことだった。

いよいよ、面白くないように、

「武蔵、近いうちに、もう出立しような」

又八が、或る時いうと、お甲が、

「どこへ、又さん」

「作州の宮本村へさ、故郷へ帰れば、これでも、おふくろも、許嫁もあるんだから」

「そう、悪かったネ、匿まって上げたりして。――そんなお人があるなら、又さん一人で、お先に立っても、止めはしないよ」

五

掌でにぎりしめて、ぎゅうと、扱いてみると、伸びと反りとの調和に、無限な味と快感がおぼえられる。武蔵は、お甲からもらった黒樫の木剣を常に離さなかった。

夜もその木剣を抱いて寝た。木剣の冷たい肌を頰に当てると、幼年のころ、寒稽古の床で、父の無二斎からうけた烈しい気魄が、血のなかに甦ってくる。

その父は、秋霜のように、厳格一方な人物だった。武蔵は幼少にわかれた母ばかりが慕わしくて、父には、甘える味を知らなかった、ただ煙たくて恐いものが父だった。九歳の時、ふと家を出て、播州の母の所へ、奔ってしまったのも、母から一言、

（オオ、大きゅうなったの）

と、やさしい言葉をかけてもらいたい一心からであった。

だが、その母は、父の無二斎が、どういうわけか離縁した人だった、播州の＊佐用郷の士へ再縁して、もう二度目の良人の子供があった。

（帰っておくれ、お父上の所へ――）と、その母が、掌をあわせて、抱きしめて、人目のない神社の森で泣いた姿を、武蔵は今でも、眼に泛べることができる。

間もなく、父の方からは、追手が来て、九歳の彼は、裸馬の背に縛られて、播州から

ふたたび、*美作の吉野郷宮本村へ連れもどされた。父の無二斎はひどく怒って、

（不届者不届者）

と、杖で打って打って打ちすえた。その時のことも、まざまざと、童心につよく烙きつけられてある。

（二度と、母の所へゆくと、我子といえど、承知せぬぞ）

その後、間もなく、その母が病気で死んだと聞いてから、武蔵は、鬱ぎ性から急に手のつけられない暴れン坊になった、さすがの無二斎も黙ってしまった、十手を持って懲らそうとすれば、棒を取って、父へかかって来る始末だった、村の悪童はみな彼に慴伏し、彼と対峙する者は、やはり郷士の倅の又八だけだった。

十二、三には、もう大人に近い背丈があった。或る年、村へ金箔磨きの高札を立てて、近郷の者に試合を挑みに来た有馬喜兵衛という武者修行の者を、矢来の中で打ち殺した時は、

（豊年童子の武やんは強い）

と、村の者に、凱歌をあげさせたが、その腕力で、いくつになっても、乱暴がつづくと、

（武蔵が来たぞ、さわるな）

と、怖がられ、嫌われ、そして人間の冷たい心ばかりが彼に映った。父も、厳格で冷たい人のままでやがて世を去った、武蔵の残虐性は、養われるばかりだった。

もし、お吟という一人の姉がいなかったら、彼は、どんな大それた争いを起して、村を追われていたか知れない。だが、その姉が泣いていう言葉には、いつもすなおに従った。

今度、又八を誘って、軍へ働きに出て来たのも、そうした彼に、かすかにでも、転機の光がさして来たためともいえる。人間になろうとする意思がどこかで芽をふきかけていた。——けれど今の彼は、ふたたびその方向を失っていた。真っ暗な現実に。

しかし、戦国というあらい神経の世でもなければ、生み出し得ないような暢気さもある若者だった。微塵も、明日のことなどは、苦にしていない寝顔でもある。

故郷の夢でも見ているのだろう、ふかぶかと寝息をかいて。そして例の木剣を、抱いて。

「……武蔵さん」

ほの暗い短檠の明りを忍んで、いつのまにか、お甲は、その枕元へ来て、坐っていた。

「ま……この寝顔」

武蔵の唇を、彼女の指は、そっと突いた。

六

ふっ！　……

お甲の息が、短檠の明りを消した。横にのばした体を猫のように縮めて、武蔵のそばへ、そっと寄り添って。

年のわりに派手な寝衣裳も、その白い顔も、ひとつ闇になって、窓びさしに、夜露の音だけが静かである。

「まだ、知らないのかしら」

寝ている者の抱いている木剣を、彼女が取りのけようとするのと、がばっと、武蔵が刎ね起きたのと、一緒だった。

「盗ッ人！」

短檠の倒れた上へ、彼女は、肩と胸をついた、手をねじ上げられた苦しさに、思わず、

「痛いっ」

と、さけぶと、

「あっ、おばさんか」

武蔵は、手を離して、

「なんだ、盗人かと思ったら――」

「ひどい人だよ、おお痛い」

「知らなかった、ご免なさい」

「謝らなくともいい。……武蔵さん」

「あっ、な、なにをするんだ」

「叱っ……。野暮、そんな大きい声をするもんじゃありません。私が、おまえをどんな気持で眼にかけているか、よくご存じだろう」

「知っています、世話になったことは、忘れないつもりです」

「恩の義理のと、堅くるしいことでなくさ。人間の情というものは、もっと、濃くて、深くて、やる瀬ないものじゃないか」

「待ってくれ、おばさん、いま灯りをつけるから」

「意地悪」

「あっ……おばさん……」

骨が、歯の根が、自分の体じゅうが、がくがくと鳴るように、武蔵は思えた。今まで出会ったどんな敵よりも怖かった。関ケ原で顔の上を翔けて行った無数の軍馬の下に仰向いて寝ていた時でも、こんな大きな動悸は覚えなかった。

壁の隅へ、小さくなって、

「おばさん、あッちへ行ってくれ、自分の部屋へ。——行かないと、又八を呼ぶぜ」

お甲は、うごかなかった、いらいらとこじれた眼が、睨みつけているらしく、闇のうちで呼吸をしていた。

「武蔵さん、おまえだって、まさか、私の気持が、分らないはずはないだろう」

「………」

「よくも恥をかかしたね」

「……恥を」

「そうさ！」

二人とも、血がのぼっていたのである。で、気のつかない様子であったが、さっきから、表の戸をたたいている者があって、ようやく、それが大声に変って来た。

「やいっ、開けねえかっ」

襖の隙に、蠟燭の光がうごいた。朱実が眼をさましたのであろう、又八の声もしていた。

「なんだろう？」

と、その又八の跫音につづいて、

「おっ母さん——」

朱実が、廊下のほうで呼ぶ。

何かは知らず、お甲もあわてて、自分の部屋から返辞をした。外の者は戸をこじあけて、自分勝手に入り込んで来たものとみえ、土間の方を透かしてみると、大きな肩幅を重ね合って、六、七名の人影がそこに立ち、

「辻風だ、はやく灯りをつけろ」

と中の一人が怒鳴っていた。

おとし櫛

一

土足のまま、どやどやと上がってきた、寝込みを衝いて来たのである。納戸、押入、床下と、手分けをして掻廻しにかかる。

辻風典馬は、炉ばたへ坐りこんで、乾児たちの家捜するのを、眺めていたが、

「いつまでかかっているのだ、何かあったろう」

「ありませんぜ、何も」

「ない」

「へい」

「そうか……いやあるまい、ないのが当り前だ、もうよせ」

次の部屋に、お甲は背を向けて、坐っていた、どうにでもするがいいといったように、捨て鉢な姿で。

「お甲」

「なんですえ」

「酒でも燗けねえか」

「そこらにあるだろう、勝手に飲むなら飲んでおいで」

「そういうな、久し振りに、典馬が訪ねて来たものを」

「これが、人の家を訪ねるあいさつかい」

「怒るな、そっちにも、科（とが）があろう、火のない所に煙は立たない。蓬屋（よもぎや）の後家が、子をつかって、戦場（いくさば）の死骸から、呑み代（しろ）を稼（かせ）ぐという噂は、たしかに、俺の耳へも入っていることだ」

「証拠をお見せ、どこにそんな証拠があって」

「それを、穿（ほ）じり出す気なら、何も朱実（あけみ）に前触れはさせておかぬ。野武士の掟（おきて）がある手前、一応は、家捜しもするが、今度のところは大目に見て宥（ゆる）しているのだ。お慈悲だと思え」

「誰が、ばかばかしい」

「ここへ来て、酌でもしねえか、お甲」

「…………」

「物好きな女だ、俺の世話になれば、こんな生活（くらし）はしねえでもすむものを。どうだ、考え直してみちゃあ」

「ご親切すぎて、恐ろしさが、身に沁（し）みるとさ」

「嫌か」

「私の亭主は、誰に殺されたか、ご存知ですか」

「だから、仕返してえなら、及ばずながら、おれも片腕を貸してやろうじゃないか」

「しらをお切りでないよ」

「なんだと」

「下手人は辻風典馬だと、世間であんなにいっているのが、おまえの耳には聞えないのか。いくら野武士の後家でも、亭主のかたきの世話になるほど、心まで落魄れてはいない」

「いったな、お甲」

にが笑いを注ぎこんで、典馬は、茶碗の酒を仰飲った。

「――そのことは、口に出さない方が、てめえたち母娘の身のためだと、俺は思うが」

「朱実を一人前に育てたら、きっと仕返しをしてやるから、忘れずにいたがよい」

「ふ、ふ」

肩で笑っているのである。典馬は、あるたけの酒を呑みほすと、肩へ槍を立てかけて、土間の隅に立っている乾児の一人に、

「やい、槍の尻で、この上の天井板を五、六枚つッ剝ねてみろ」

と命じた。

槍の石突きを向けて、その男が、天井を突いて歩いた。板の浮いた隙間から、そこに隠しておいた雑多な武具や品物が落ちてきた。

「この通りだ」

「野武士仲間の掟だ、この後家をひきずり出して、みせしめ（私刑）にかけろ」

典馬は、ぬっと立った。

二

女一人だ、無造作にそう考えて、野武士たちは、そこへ踏み込んで行った、しかし、棒でも呑んだように、部屋の口に、突っ立ってしまった、お甲へ手を出すことを怖れるように。

「何をしている、早く、引きずり出して来いっ」

辻風典馬が、土間のほうで焦心っている、それでも、乾児の野武士たちと、部屋の中とは、じっと、睨み合いのかたちで、いつまでも埒があきそうもない。

典馬は舌打ちをして、自身でそこを覗いてみた。すぐお甲のそばへ近づこうとしたが、彼にも、そこの閾は越えられなかった。

炉部屋からは見えなかったが、お甲のほかに、二人の逞しい若者がそこにいたのだ。武蔵は黒樫の木剣を低く持って、一歩でも入って来たらその者の脛をへシ折ろうと構えていたし、又八は、壁の陰に立って、刀を振りかぶり、彼らの首が入口から三寸と出たら、ばさりと斬ッて落そうと、撓めきッている。

朱実には怪我をさせまいとして、上の押入へでも隠したのか、姿が見えない。この部屋の戦闘準備は、典馬が炉ばたで酒をのんでいる間に整っていたのだ。お甲も、その後ろ楯があるために、落着き払っていたのかも知れなかった。

「そうか」

典馬は思い出して呻いた。

「いつぞや、朱実と山を歩いていた若造があった。一人はそいつだろう、あとは何者だ」

「…………」

又八も武蔵も、一切口は開かなかった。ものは腕でいおうという態度だ。それだけに、不気味なものを漂わせている。

「この家に、男気はねえ筈だ、察するところ、関ケ原くずれの宿なしだろう、下手な真似をすると、身の為にならねえぞ」

「…………」

「不破村の辻風典馬を知らぬ奴は、この近郷にないはずだ、落人の分際で、生意気な腕だて、見ていろ、どうするか」

「…………」

「やいっ」

典馬は、乾児たちをかえりみて手を振った、邪魔だから退いていろというのである。あとさがりに、側をはなれた乾児の一人は、炉の中へ、足を突っこんで、あっといった。松薪の火の粉と煙が、天井を搏ち、いちめんの煙となった。

じっと、部屋の口を睨めすえていた典馬は、くそっ、と吠えながら、猛然、その中へ突入した。

「よいしょっ」

待ち構えていた又八は、とたんに両手の刀を揮り降ろしたが、典馬の勢いは、その迅さも及ばなかった。彼の刀の鐺のあたりを、又八の刀が、かちっと打った。

お甲は、隅へ退いて立っていた、その跡の位置に、武蔵は黒樫の木剣を横に撓めて待っていた、そして典馬の脚もとを目がけて、半身を投げ出すように烈しく払った。

――空間の闇が、びゅっと鳴る。

すると相手は、身をもって、岩みたいな胸板をぶつけて来た。まるで大熊に取っ組まれた感じだ、かつて武蔵が出会ったことのない圧力だった。咽喉に、拳を置かれて、武蔵は、二つ三つ撲られていた、頭蓋骨が砕けたかと思うほどこたえる、しかし、じっと蓄えていた息を、満身から放つと、辻風典馬の巨きな体は、宙へ足を巻いて、家鳴りと共に壁へぶつかった。

三

こいつと見こんだら決して遁さない――嚙ぶりついてもあいてを屈伏させる――また、生殺しにはしておかない、徹底的に、やるまでやる。

武蔵の性格は、元来そういう質なのだ、幼少からのことである、血液の中に、古代日本の原始的な一面を濃厚に持って生れて来たらしい、それは純粋なかわりに甚だ野性で、文化の光にも磨かれていないし、学問による知識ともまだなっていない生れながらのままのものだった。真の父親の無二斎でさえ、この子を余り好かなかったのは、そういう所に原因していたらしい。その性質を撓めるために、無二斎がたびたび加えた武士的な折檻は、かえって、豹の子に牙をつけてやったような結果を生んでしまったし、村の者が、乱暴者と、嫌えば嫌うほど、この野放しな自然児は、いよいよ逞しく伸び、人も無げに振舞い、郷士の山野をわがもの顔にしただけではあき足らないで、大それた夢をもって、ついに関ケ原までも出かけて来たものだった。

関ケ原は、武蔵にとって、実社会の何ものかを知った第一歩だった。見事にこの青年の夢はペシャンコに潰れた。――しかし、もともと裸一貫なのだ、それがために、青春の一歩につまずいたとか、前途が暗くなったとか、そんな感傷は、今のところみじんもない。

しかも、今夜は思いがけない餌にありついた。野武士の頭だという辻風典馬だ。こういう敵にめぐりあいたいことを、彼は関ケ原でもどんなに願っていたことか。

「卑怯っ、卑怯っ、やあいっ、待てえっ！」

こう呼ばわりながら、彼は、真っ暗な野を韋駄天のように駈けている――

典馬は、十歩ほど前を、これも宙を飛んで逃げてゆくのだった。

武蔵の髪の毛は逆立っていた、耳のそばを、風がうなって流れる、愉快のなんのって、たまらない快感だった、武蔵の血は、身の駈けるほど、獣に近い欣びにおどった。

——ぎゃっッ。

彼の影が、典馬の背へ、重なるように躍びかかったと見えた時に、黒樫の木剣から、血が噴いて、こうもの凄い悲鳴が聞えた。

もちろん辻風典馬の大きな体は、地ひびきを打って、転がったのだ。頭蓋骨は、こんにゃくのように柔らかになり、二つの眼球が、顔の外へ浮かびだしていた。

二撃、三撃と、つづけさまに木剣を加えると、折れたあばら骨が、皮膚の下から白く飛びだした。

武蔵は、腕を曲げて、額を横にこすった。

「どうだ、大将……」

颯爽と、一顧して、彼はすぐ後ろへ戻って行くのである。なんでもないことのようだった。もし先が強ければ、自分が後に捨てられてゆくだけのこととしかしていなかった。

「——武蔵か」

遠くで又八の声がした。

「おう」

と、のろまな声をだして、武蔵が見まわしていると、

「——どうした？」

駈けてくる又八の姿が見えた。

「殺った。……おぬしは」

答えて、問うと、

「俺も、――」

柄糸まで血によごれたものを武蔵に示して、

「あとの奴らは、逃げおった、野武士なんて、みんな弱いぞ」

肩を誇らせて、又八はいう。

血をこねまわしてよろこぶ嬰児にひとしい二人の笑い声だった。血の木剣と、血の刀をぶらさげたまま、元気に何か語りあいながら、やがて、彼方に見える蓬の家の一つ灯へ向って帰って行くのであった。

四

野馬が、窓へ首を入れて、家の中を見まわした。鼻を鳴らして、大きな息をしたので、そこに寝ていた二人は眼をさました。

「こいつめ」

武蔵は、馬の顔を、平手で撲った。又八は、拳で天井を突きあげるような伸びをしながら、

「アアよく寝た」

「陽が高いな」

「もう日暮れじゃないか」

「まさか」

ひと晩眠ると、もう昨日のことは頭にない、今日と明日があるだけの二人である。武蔵は、早速、裏へとびだして、もろ肌をぬぎ出した。清冽な流れで体を拭き、顔を洗い、太陽の光と、深い空の大気を、腹いっぱい吸いこむように仰向いていた。

又八は又八で、寝起きの顔を持ったまま、炉部屋へ行って、そこにいるお甲と朱実へ、

「おはよう」

わざと、陽気にいって、

「おばさん、いやに鬱いでいるじゃないか」

「そうかえ」

「どうしたんだい、おばさんの良人を打ったという辻風典馬は、打ち殺してくれたし、その乾児も、懲らしてやったのに、鬱いでいることはなかろうに」

又八の怪訝るのはもっともだった。典馬を討ってやったことはどんなに、この母娘から欣ばれることだろうと期待していたのに、ゆうべも、朱実は手をたたいて喜んだが、お甲は、かえって不安な顔を見せた。

その不安を、今日まで持ち越して、炉ばたに沈みこんでいるのが、又八には、不平で

もあるし、わけがわからない――

「なぜ。なぜだい、おばさん」

朱実の汲んでくれた渋茶をとって、又八は膝をくむ。お甲は、うすく笑った、世間を知らない若者のあらい神経を羨むように。

「――だって、又さん、辻風典馬にはまだ何百という乾児があるんだよ」

「あ、わかった。――じゃあ奴らの仕返しを、恐がっているんだな、そんな者がなんだ、俺と武蔵がおれば――」

「だめ」

軽く手を振った。

又八は、肩を盛りあげて、

「だめなことはない、あんな虫けら、幾人でも来い、それとも、おばさんは、俺たちが弱いと思っているのか」

「まだ、まだ、お前さん達は、わたしの眼から見ても、嬰ン坊だもの。典馬には、辻風黄平という弟があって、この黄平がひとり来れば、お前さん達は、束になっても敵わない」

これは又八にとって心外なる言葉であった。けれど、だんだんと後家の話すところを聞くと、そうかなあと思わぬこともない。辻風黄平は、木曾の野洲川に大きな勢力を持っているばかりでなく、また兵法の達人であるばかりでなく、乱波（忍者）の上手で、この男が殺そうと狙けねらった人間で天寿を全うしている者はかつてなかった。正面から名乗ってくるなら防ぎもなろうが、寝首掻きの名人には、防ぎがないというのである。

「そいつは、苦手だな、おれのような寝坊には……」

又八が、腮をつまんで考えこむと、お甲は、もうこうなっては仕方がないから、この家をたたんで、どこか、他国へ行って暮すほかはない、ついては、おまえさん達二人はどうするかといいだした。

「武蔵に、相談してみよう。――どこへ行ったろ、あいつめ」

戸外にも、いなかった。手をかざして遠くを見ると、今し方、家のまわりにうろついていた野馬の背にとび乗って伊吹山の裾野を乗りまわしている武蔵のすがたが、遥かに、小さく見えた。

「のん気な奴だな」

又八は、つぶやいて、両手を口にかざした。

「おおいっ。帰って来いようっ」

五

枯れ草のうえに、二人は寝ころんだ。友達ほどいいものはない、寝ころびながらの相談もいい。

「じゃあ、俺たちは、やっぱり故郷へ帰ると決めるか」

「帰ろうぜ。——いつまで、あの母娘と一しょに暮しているわけにもゆくまい」

「ウム」

「女はきらいだ」

武蔵が、いうと、

「そうだな、そうしよう」

又八は、仰向けにひっくり返った。そして青空へ向って、どなるように、

「——帰ると決めたら、急に、おら、お通の顔が見たくなった！」

脚を、ばたばたさせて、

「畜生、お通が、髪の毛を洗った時のような雲があるぞ」

と、空を指さす。

武蔵は、自分の乗りすてた野馬の尻を見ていた、人間なかまでも、野に住む者の中にいい性質があるように、馬も野馬は気だてがよい、用がすめば、何も求めず、勝手にひとりでどこへでも行ってしまう。

むこうで、朱実が、

「御飯ですようっ——」

と、呼ぶ。

「飯だ」

二人は起き上がって、

「又八、馳競ッこ」

「くそ、負けるか」

朱実は、手をたたいて、草ぼこりを立てて駈けてくる二人を迎えた。

――だが、朱実は、午すぎから急に沈んでいた、二人が、故郷へ帰ると決めたことを聞いてからである。二人が家庭に交じってからの愉快な生活を、この少女は、この先も長いものと思っていたらしかった。

「お馬鹿ちゃんだよ、お前さんは、何をメソメソしているのだえ」

夕化粧をしながら、後家のお甲は、叱っていた、そして、炉ばたにいた武蔵を、鏡の中から、睨みつけた。

武蔵はふと、前の晩の、枕元へ迫った後家のささやきと、甘酸い髪の香をおもいだして、横を向いた。

横には、又八がいた、酒の壺を棚から取って、自分の家の物のように勝手に酒瓶へうつしているのだ、今夜はお別れだから大いに飲もうというのである、後家の白粉は、いつもより念入りだった。

「あるったけ飲んでしまおうよ。縁の下に残して行ったってつまらない」

酒壺を三つも倒した。

お甲は、又八にもたれかかって、武蔵が顔をそむけるような悪ふざけをして見せた。

「あたし……もう歩けない」

又八に甘えて、寝所まで、肩を借りて行く程だった。そして、面あてのように、

「武さんは、そこいらで、一人でお寝。――一人が好きなんだから」

と、いった。

いわれた通り武蔵はそこで横になってしまった。ひどく酔っていたし、夜もおそかったし、眼がさめたのは、もう、翌日の陽がカンカンあたっている頃だった。

――起き出て、彼がすぐ気づいたことは、家の中が、がらんとしていることだった。

「おや？」

きのう朱実と後家がひとまとめにしていた荷物がない、衣裳も、履物も失くなっている。第一、その母娘のすがたばかりでなく、又八が見えないのだ。

「又八っ。……おいっ」

裏にも、小屋の中にも、いなかった。ただ開け放しになっている水口のしきい際に、後家のさしていた朱い櫛が一枚落ちていただけである。

「あ？ ……又八め……」

櫛を鼻につけて嗅いでみた、おとといの晩の恐い誘惑をその香いは思い出させた、又八は、これに負けたのだ、なんともいえない淋しさが胸をつきあげた。

「阿呆っ、お通さんを、どうする気か」

櫛を、そこへ、たたきつけた。自分の腹立たしさより、彼を故郷で待っているお通の

いので、馬は、流し元にふやけている飯粒を舐めまわしていた。

が、のっそりと、軒下から顔を出した。いつものように、武蔵が鼻づらを撫でてやらな

憮然として、いつまでも、台所にぶっ坐っている武蔵のすがたを見て、きのうの野馬

ための泣きたい気がする――

花御堂

一

山また山という言葉は、この国において初めてふさわしい。播州龍野口からもう山道である、作州街道はその山ばかりを縫って入る、国境の棒杭も、山脈の背なかに立っていた、杉坂を越え、中山峠を越え、やがて英田川の峡谷を足もとに見おろすあたりまでかかると、

（おやこんな所まで、人家があるのか）

と、旅人は一応そこで眼をみはるのが常だった。

しかも戸数は相当にある。川沿いや、峠の中腹や、石ころ畑や、部落の寄りあいではあるが、つい去年の関ケ原の戦の前までは、この川の十町ばかり上流には、小城ながら新免伊賀守の一族が住んでいたし、もっと奥には、因州境の志戸坂の銀山に、鉱山掘り

が今もたくさん来ている。

——また鳥取から姫路へ出る者、但馬から山越えで備前へ往来する旅人など、この山中の一町には、かなり諸国の人間がながれこむので、山また山の奥とはいえ、旅籠もあれば、呉服屋もあり、夜になると、白い蝙蝠のような顔をした飯盛女も軒下に見えたりする。

ここが、宮本村だった。

石を乗せたそれらの屋根が、眼の下に見える七宝寺の縁がわで、お通は、

「アア、もうじき、一年になる」

ぼんやり、雲を見ながら、考えていた。

孤児であるうえに、寺育ちのせいもあろう、お通という処女は、香炉の灰のように、冷たくて淋しい。

年は、去年が十六、許嫁の又八とは、一つ下だった。

その又八は、村の武蔵といっしょに、去年の夏、戦へとびだしてから、その年が暮れても、沙汰がなかった。

正月には——二月には——と便りの空だのみも、この頃は頼みに持てなくなった。もう今年の春も四月に入っているのだった。

「——武蔵さんの家へも、何の音沙汰がないというし……やっぱり二人とも、死んだのかしら」

たまたま、他人に向って、嘆息をもらして訴えると、あたりまえじゃと、誰もがいう。ここの領主の新免伊賀守の一族からして、一人として、帰って来た者はいないのだ、戦の後、あの小城へ入っているのは、みな顔も見知らない徳川系の武士衆ではないかという。

「なぜ男は、戦になど行くのだろう。あんなに止めたのに――」

縁がわに坐りこむと、お通は、半日でもそうして居られた、さびしいその顔が、独りで物思うことを好むように。

きょうも、そうしていると、

「お通さん、お通さん」

誰かよんでいる。

庫裡の外だった。真っ裸な男が、井戸のほうから歩いてくる、まるで煤しにかけた羅漢である。三年か四年目には、寺へ泊る但馬の国の雲水で、三十歳ぐらいな若い禅坊主なのだ、胸毛のはえた肌を陽なたにさらして、

「――春だな」

独りでうれしそうにいう。

「春はよいが、半風子のやつめ、藤原道長のように、この世をばわがもの顔に振舞うから、一思いに今、洗濯したのさ。……だが、このボロ法衣、そこの茶の木には干しにくいし、この桃の樹は花ざかりだし、わしが生半可、風流を解する男だけに、干し場に困

ったよ。お通さん、物干し竿あるか」

お通は、顔を紅らめて、

「ま……沢庵さん、あなた、裸になってしまって着物の乾くあいだ、どうする気です？」

「寝てるさ」

「あきれたお人」

「そうだ、明日ならよかった、四月八日の灌仏会だから、甘茶を浴びて、こうしている――」

と、沢庵は、真面目くさって、両足をそろえ、天上天下へ指をさして、お釈迦さまの真似をした。

二

「――天上天下唯我独尊」

いつまでもご苦労さまに、沢庵が真面目くさって、誕生仏の真似して見せているので、お通は、

「ホホホ、ホホホ。よく似あいますこと。沢庵さん」

「そっくりだろう、それもそのはず。わしこそは悉達多太子の生れかわりだ」

「お待ちなさい、今、頭から甘茶をかけてあげますから」

「いけない。それは謝る」

蜂が、彼の頭をさしに来た。お釈迦さまはまた、あわてて蜂へも両手をふりまわした。蜂は、彼のふんどしが解けたのを見て、その隙に逃げてしまった。

お通は、縁にうつ伏して、

「アア、お腹がいたい」

と、笑いがとまらずにいた。

但馬の国生れの宗彭沢庵と名のるこの若い禅坊主には、ふさぎ性のお通も、この青年僧の泊っているあいだは、毎日笑わずにいられないことが多かった。

「そうそうわたしは、こんなことをしてはいられない」

草履へ、白い足をのばすと、

「お通さん、どこへ行くのかね」

「あしたは、四月八日でしょう、和尚さんから、いいつけられていたのを、すっかり忘れていた。毎年するように、花御堂の花を摘んできて、灌仏会のお支度をしなければならないし、晩には、甘茶も煮ておかなければいけないでしょう」

「——花を摘みにゆくのか。どこへ行けば、花がある」

「下の庄の河原」

「いっしょに行こうか」

「たくさん」

「花御堂にかざる花を、一人で摘むのはたいへんだ、わしも手伝おうよ」

「そんな、裸のままで、見ッともない」

「人間は元来、裸のものさ、かまわん」

「いやですよ、尾いて来ては！」

お通は逃げるように、寺の裏へ駈けて行った。やがて負い籠を背にかけ、鎌を持って、こっそり裏門からぬけてゆくと、沢庵は、どこから捜してきたのか、ふとんでも包むような大きな風呂敷を体に巻いて、後から歩いてきた。

「ま……」

「これならいいだろう」

「村の人が笑いますよ」

「なんと笑う？」

「離れて歩いてください」

「うそをいえ、男と並んで歩くのは好きなくせに」

「知らない！」

お通は先へ駈け出してしまう。沢庵は、雪山から降りてきた釈尊のように、風呂敷のすそを翩翻と風にふかせながら、後ろから歩いて来るのであった。

「アハハハ、怒ったのかい、お通さん、怒るなよ、そんなにふくれた顔すると、恋人にきらわれるぞ」

村から四、五町ほど下流の英田川の河原には、撩乱と春の草花がさいていた。お通は、負い籠をそこにおろして、蝶の群れにかこまれながら、もうそこらの花の根に、鎌の先をうごかしている——

「平和だなあ」

青年沢庵は、若くして多感な——そして宗教家らしい詠嘆を洩らしてその側に立った。お通が、せっせと花を刈っている仕事には手伝おうともしないのである。

「……お通さん、おまえの今の姿は、平和そのものだよ。人間は誰でも、こうして、万華の浄土に生を楽しんでいられるものを、好んで泣き、好んで悩み、愛慾と修羅の坩堝へ、われから墜ちて行って、八寒十熱の炎に身を焦かなければ気がすまない。……お通さんだけは、そうさせたくないものだな」

三

菜のはな、春菊、鬼げし、野ばら、すみれ——お通は刈りとるそばから籠へ投げて、

「沢庵さん、人にお説教するよりは、自分の頭をまた蜂にさされないようにお気をつけなさいよ」

と、ひやかした。

沢庵は、耳も貸さない。

「ばか、蜂の話じゃないぞ、ひとりの女人の運命について、わしは釈尊のおつたえをい

っているのだ」

「お世話やきね」

「そうそう、よく喝破した。坊主という職業は、まったく、おせッかいな商売にちがいない。だが、米屋、呉服屋、大工、武士――と同じように、これもこの世に不用な仕事でないから有ることも不思議でない。――そもそもまた、その坊主と、女人とは、三千年の昔から仲がわるい。女人は、夜叉、魔王、地獄使などと仏法からいわれているからな。お通さんとわしと仲のわるいのも、遠い宿縁だろうな」

「なぜ、女は夜叉？」

「男をだますから」

「男だって、女をだますでしょ」

「――待てよ、その返辞は、ちょっと困ったな。……そうそうわかった」

「さ、答えてごらんなさい」

「お釈迦さまは男だった……」

「勝手なことばかしいって！」

「だが、女人よ」

「オオ、うるさい」

「女人よ、ひがみ給うな、釈尊もお若いころは、菩提樹下で、欲染、能悦、可愛、などという魔女たちに憑きなやまされて、ひどく女性を悪観したものだが、晩年になると、女のお弟子も持たれている。龍樹菩薩は、釈尊にまけない女ぎらい……じゃアない……女を恐がったお方だが、随順姉妹となり、愛楽友となり、安慰母となり、随意婢使となり……これ四賢良妻なり、などと仰っしゃっている、よろしく男はこういう女人を選べといって、女性の美徳を讃えている」

「やっぱり、男のつごうのいいことばかりいってるんじゃありませんか」

「それは、古代の天竺国が、日本よりは、もっともっと男尊女卑の国だったからしかたがない。——それから、龍樹菩薩は、女人にむかって、こういうことばを与えている」

「どういうこと？」

「女人よ、おん身は、男性に嫁ぐなかれ」

「ヘンな言葉」

「おしまいまで聞かないでひやかしてはいけない。その後にこういう言葉がつく。——女人、おん身は、真理に嫁せ」

「………」

「わかるか。——真理に嫁せ。——早くいえば、男にほれるな、真理に惚れろということだ」

「真理って何？」

「訊かれると、わしにもまだ分っていないらしい」

「ホホホ」

「いっそ、俗にいおう、真実に嫁ぐのだな。だから都の軽薄なあこがれの子など孕まずに、生れた郷土で、よい子を生むことだな」

「また……」

打つ真似をして、

「沢庵さん、あなたは、花を刈る手伝いに来たんでしょう」

「そうらしい」

「じゃあ、喋舌ってばかりいないで、すこし、この鎌を持って下さい」

「おやすいこと」

「その間に、私は、お吟様の家へ行って、あした締める帯がもう縫えているかも知れないから、いただいて来ます」

「お吟様。アア、いつかお寺へ見えた婦人の邸か、おれも行くよ」

「そんな恰好で――」

「のどが渇いたのだ。お茶をもらおう」

四

もう女の二十五である、きりょうが醜いわけではなし、家がらはよいのだし、そのお吟に嫁入り話がないわけでは決してなかった。

もっとも、弟の武蔵が近郷きっての暴れんぼで、本位田村の又八か宮本村の武蔵か

と、少年時代から悪太郎の手本にされているので、

（あの弟がいては）

と、縁遠いところも多少あったが、それにしてもお吟のつつましさや、教養を見こんで、ぜひ――という話は度々あった。しかしその都度、彼女の断る理由は、いつでも、

（弟の武蔵が、もうすこし大人になるまでは、わたくしが、母となっていてやりとうございますから――）

という言葉であった。

兵学の指南役として新免家に仕えていた、父の無二斎がその新免という姓を主家からゆるされた盛りの時代に建てた屋敷なので、英田川の河原を下にした石築き土塀まわしの家構えは、郷士には過ぎたものであった。広いままに古びて、今では屋根には草あやめが生え、そのむかし十手術の道場としていた所の高窓と廂のあいだには、燕の糞が白くたかっていた。

永い牢人生活の後の貧しい中に父は死んで行ったので、召使もその後はいないが、元の雇人はみなこの宮本村の者ばかりなので、そのころの婆やとか仲間とかが、かわるがわるに来ては台所へ黙って野菜を置いて行ったり、開けない部屋を掃除して行ったり、水瓶に水をみたして行ったりして、衰えた無二斎の家を守っていてくれている。

今も――

誰か裏の戸をあけて入ってくる者があるとは思ったが、おおかたそれらの中の誰かで

あろうと、奥の一室に縫い物をしていたお吟は、針の手もとめずにいると、

「お吟さま。今日は――」

うしろへお通が来て、音もなく坐っていた。

「誰かと思ったら……お通さんでしたか。今、あなたの帯を縫っているところですが、あしたの灌仏会に締めるのでしょう」

「ええ、いそがしいところを、すみませんでした。自分で縫えばいいんですけれど、お寺のほうも、用が多くって」

「いいえ、どうせ、私こそ、ひまで困っているくらいですもの。……何かしていないと、つい、考えだしていけません」

ふと、お吟のうしろを仰ぐと、燈明皿に、小さな灯がまたたいていた。そこの仏壇には、彼女が書いたものらしく、

行年十七歳　新免武蔵之霊

同年　本位田又八之霊

ふたつの紙位牌が貼ってあり、ささやかな水と花とが捧げてあるのだった。

「あら……」

お通は、眼をしばたたいて、

「お吟様、おふたりとも、死んだという報らせが来たのでございますか」

「いいえ、でも……死んだとしか思えないではございませんか、私は、もうあきらめて

しまいました。関ケ原の戦のあった九月十五日を命日と思っています」

「縁起でもない」

お通は、つよく顔を振って、

「あの二人が、死ぬものですか、今にきっと、帰って来ますよ」

「あなたは、又八さんの夢を見る？……」

「え、なんども」

「じゃあ、やっぱり死んでいるのだ、私も弟の夢ばかり見るから」

「嫌ですよ、そんなことをいっては。こんなもの、不吉だから、剝がしてしまう」

お通の眼は、すぐ涙をもった。起って行って、仏壇の燈明をふき消してしまう。それでもまだ忌わしさが晴れないように、捧げてある花と水の器を両手に持って、次の部屋の縁先へ、その水をさっとこぼすと、縁の端に腰をかけていた沢庵が、

「あ、冷たい」

と、飛びあがった。

五

着ている風呂敷で、沢庵は、顔や頭のしずくをこすりながら、

「こらっ、お通阿女、なにをするか。この家で、茶をもらおうとはいったが、水をかけてくれとは誰もいわぬぞ」

お通は、泣き笑いに笑ってしまった。

「――すみません、沢庵さん、ごめんなさいませ」

謝ったり、機嫌をとったり、また、そこへ望みの茶を汲んで与えたりして、やがて奥へもどって来ると、

「誰ですか、あの人は」

と、お吟は、縁のほうを覗いて、眼をみはっていた。

「お寺に泊っている若い雲水さんです。ほら、いつか、あなたが来た時に、本堂の陽あたりで、頬づえをして寝そべっていたでしょう。その時、わたしが、何をしているんですかと訊ねると、半風子に角力をとらせているんだと答えた汚い坊さんがあったじゃありませんか」

「あ……あの人」

「え、宗彭沢庵さん」

「変り者ですね」

「大変り」

「法衣でもなし、袈裟でもなし、何を着ているんです、いったい」

「風呂敷」

「ま……。まだ若いのでしょう」

「三十一ですって。――けれど、和尚さまに訊くと、あれでも、とても偉い人なんです

とさ」

「あれでもなんていうものではありません、人はどこが偉いか、見ただけでは分りませんからね」

「但馬の出石村の生れで十歳で沙弥になり、十四歳で臨済の勝福寺に入って、希先和尚に帰戒をさずけられ、山城の大徳寺からきた碩学について、京都や奈良に遊び、妙心寺の愚堂和尚とか泉南の一凍禅師とかに教えをうけて、ずいぶん勉強したんですって」

「そうでしょうね、どこか、違ったところが見えますもの」

「――それから、和泉の南宗寺の住持にあげられたり、また、勅命をうけて、大徳寺の座主におされたこともあるんだそうですが、大徳寺は、たった三日いたきりで飛びだしてしまい、その後、豊臣秀頼さまだの、浅野幸長さまだの、細川忠興さまだの、なお公卿方では烏丸光広さまなどが、しきりと惜しがって、一寺を建立するから来いとか、寺禄を寄進するからとどまれとかいわれるのだそうですが、本人は、どういう気持か分りませんが、ああやって、半風子とばかり仲よくして、乞食みたいに、諸国をふらふらしているんですって。すこし、気が狂しいんじゃないんでしょうか」

「けれど、向うから見れば、私たちのほうが気が変だというかも知れません」

「ほんとに、そういいますよ。私が、又八さんのことを思い出して、独りで泣いていたりしていると……」

「でも、面白い人ですね」

「すこし、面白すぎますよ」

「いつ頃までいるんです？」

「そんなこと、わかるもんですか、いつも、ふらりと来て、ふらりと消えてしまう。まるで、どこの家でも、自分の住居と心得ている人ですもの」

縁がわの方から、沢庵は、身をのばして、

「聞えるぞ、聞えるぞ」

「悪口をいっていたのじゃありませんよ」

「いってもよいが、なにか、あまいものでも出ないのか」

「あれですもの、沢庵さんと来たひには」

「なにが、あれだ、お通阿女、お前のほうが、虫も殺さない顔して、その実、よほど性が悪いぞ」

「なぜですか」

「人にカラ茶をのませておいて、のろけをいったり泣いたりしている奴があるかっ」

六

大聖寺の鐘が鳴る。

七宝寺のかねも鳴る。

夜が明けると早々から、午過ぎも時折、ごうんごうんと鳴っていた。赤い帯をしめた村の娘、商家のおかみさん、孫の手をひいてくる老婆たち。ひっきりなし寺の山へ登って来た。

若い者は、参詣人のこみあっている七宝寺の本堂をのぞき合って、

「いる、いる」

「きょうは、よけいに綺麗にして」

などと、お通のすがたを見て、囁いて行く。

きょうは灌仏会の四月八日なので、本堂の中には、菩提樹の葉で屋根を葺き、野の草花で柱を埋めた花御堂ができていた、御堂の中には甘茶をたたえ、二尺ばかりの釈尊の黒い立像が天上天下を指さしている、小さな竹柄杓をもって、その頭から甘茶をかけたり、また、参詣人の求めに応じて、順々にさし出す竹筒へ、その甘茶を汲んでやっているのは、宗彭沢庵であった。

「この寺は、貧乏寺だから、おさい銭はなるべくよけいにこぼして行きなよ。金持は、なおのことだ、一杓の甘茶に、百貫の金をおいてゆけば、百貫だけ苦悩がかるくなることはうけあいだ」

花御堂を挟んで、その向って左側にお通は塗机をすえて坐っていた、仕立ておろしの帯をしめ、蒔絵のすずり箱をおき、五色の紙に、禁厭の歌をかいて、それを乞う参詣者に頒けているのである。

ちはやふる

卯月八日は吉日よ
かみさげ虫を
成敗ぞする

家の中へこの歌を貼っておくと、虫除けや悪病よけになるとこの地方ではいい伝えている。

もう手くびの痛くなるほど、お通は、同じ歌を何百枚もかいた、＊行成風のやさしい文体が少しくたびれかけていた。

「沢庵さん」

――と彼女はすきを見ていった。

「なんじゃい」

「あまり、人様に、おさい銭の催促をするのはよして下さい」

「金持にいっているんだよ、金持の金をかるくしてやるのは、善の善なるものだ」

「そんなことをいって、もし今夜、村のお金持の家へ泥棒でも入ったらどうしますか」

「……そらそら、すこしすいたと思ったらまた参詣人が混んで来たよ。押さないで、押さないで――おい若いの――順番におしよ」

「もし、坊さん」

「わしかい？」

「順番といいながら、おめえは、女にばかり先へ汲んでやるじゃないか」

「わしも女子(おなご)は好きだから」

「この坊主、極道者(ごくどうもの)だ」

「えらそうにいうな、お前たちだって、甘茶や虫除けが貰いたくて来るんじゃあるまい、わしには、分っている、お釈迦さまへ掌(て)をあわせに来るのが半分で、お通さんの顔を拝みにくる奴が半分。お前らも、その組だろう。——こらこらおさい銭をなぜおいてゆかん、そんな量見(りようけん)では、女にもてないぞ」

お通は、真っ紅(か)になって、

「沢庵さん、もういいかげんにしないと、ほんとに私、怒りますよ」

と、いった。

そして、疲れた眼でも休めるように、ぼんやりしていたが、ふと、参詣人の中に見えた一人の若者の顔へ、

「あっ……」

と口走ると、指の間から筆を落した。

彼女が、起つと共に、彼女の見た顔は、魚のようにすばやく潜(ひそ)んでしまった。お通ば、われを忘れて、

「武蔵(たけぞう)さんっ、武蔵さんっ……」

廻廊のほうへ駈けて行った。

野の人たち

一

ただの百姓ではない、半農半武士だ、いわゆる郷士なのである。

本位田家の隠居は、きかない気性の老母だった、又八のおふくろに当る人だ、もう六十ぢかいが、若い者や小作の先に立って野良仕事に出かけ、畑も打てば、麦も踏む、暗くなるまでの一日仕事をおえて帰るにも、手ぶらでは帰らない、腰の曲った体のかくれるほど、春蚕の桑の葉を背負いこんで、なお、夜業に飼蚕でもやろうというくらいなお杉婆あさんであった。

「おばばアー」

孫の鼻たらしが、畑のむこうから、素はだしで来るのを見かけて、

「おう、丙太よっ、汝れ、お寺へ行ったのけ？」

桑畑から腰をのばした。

丙太は、躍って来て、

「行ったよっ」

「お通さん、いたか」

「いた。きょうはな、おばば、お通姉さんは美麗な帯をして、花祭りしていた」

「甘茶と、虫除けの歌を、もろうて来たか」

「ううん」

「なぜもろうて来ぬのだ」

「お通姉さんが、そんな物はいいから、はやくおばばに知らせに、家へ帰れというたんや」

「何を知らせに？」

「河向いの武蔵がなよ、今日の花祭りに歩いていたのを、お通姉さんが見たのだとよ」

「ほんとけ？」

「ほんとだ」

「…………」

お杉は眼をうるませて、息子の又八のすがたが、もうそこらに見えてでもいるように見まわした。

「丙太、汝れ、おばばに代って、ここで桑摘んどれ」

「おばば、どこへゆくだ」

「邸へ、帰ってみる、新免家の武蔵がもどっているなら、又八も、邸へ帰っているにちがいなかろう」

「おらも行く」

「阿呆、来んでもええ」

大きな樫の木にかこまれた土豪の住居である。お杉は、納屋の前へ駈けこむと、そこらに働いている分家の嫁や、*作男に向って、

「又八が、帰って来たかよっ」

と、怒鳴った。

みんな、ぽかんとして、

「うんにゃ」

と、首を振った。

しかし、この老母の興奮は、人々のいぶかるのを、間抜けのように叱りつけた。息子はもう村へ帰っているのだ。新免家の武蔵が村をあるいている以上、又八も一緒にもどって来ているに違いない、早くさがして邸へ引っぱって来いと命じるのだった。

関ケ原の合戦の日を、ここでも大事な息子の命日として悲しんでいたところだった、わけてもお杉は、又八が可愛くて、眼の中へでも入れてしまいたい程なのだった、又八の姉には聟を持たせて分家させてあるので、その息子は、本位田家の後継息子でもあった。

「見つかったかよっ？」

お杉は、家を出たり入ったりして、繰返し繰返し訊ねていた。――やがて日が暮れると、先祖の位牌に、燈明をともして、何か念じるように、その下に坐っていた。

夕飯もたべずに、家の者は皆、出払っていた。夜になっても、その人々からの吉報はなかなか聞かれなかった。お杉はまた、暗い門口へ出て、立ちとおしていた。

水っぽい月が、邸のまわりの樫の梢にあった、後ろの山も、前の山も白い霧につつまれ、梨畑の花から甘い香がただよってくる。

その梨畑の畦から、誰か歩いてくる影が見えた、息子の許嫁であると分ると、お杉は手をあげた。

「……お通かよ？」

「おばば様」

お通は、濡れ草履の音を重そうに、走り寄ってきた。

二

「お通。――おぬし、武蔵のすがたを見たそうだが、ほんとけ？」

「え。たしかに武蔵さんなんです、七宝寺の花祭りに見えました」

「又八は、見えなんだかよ」

「それを訊こうと思って、急いで呼ぶと、なぜか、隠れてしまったんです。もとから武蔵さんていう人は、変っている人ですが、なんで、私が呼ぶのに逃げてしまったのかわかりません」

「逃げた？……」

お杉は、首をかしげた。

わが子の又八を、戦へ誘惑したものは、新免家の武蔵であるといって、常々、恨んでいたこの老母は、何か、邪推でもまわしているらしく考えこんでいた。

「あの、悪蔵め……、ことによると、又八だけを死なして、おのれは、臆病かぜに吹かれて、ただ一人のめのめと帰って来たのかも知れぬ」

「まさか、そんなことはないでしょう。そうならばそうといって、何か遺物でも持って来てくださるでしょうに」

「なんのいの」

老母は、つよく、顔を振った。

「彼奴が、そんなしおらしい男かよ。又八は、悪い友達を持ちおったわ」

「ばば様」

「なんじゃ？」

「私の考えでは、きっと、お吟様の邸へゆけば、今夜はそこに武蔵さんもいるだろうと思いますが」

「姉弟じゃもの、それやいるだろう」

「これから、ばば様と二人して、訪ねて行ってみましょうか」

「あの姉も姉、自分の弟が、わしがとこの息子を戦に連れ出して行ったのを承知しながら、その後、見舞にも来ねば、武蔵がもどったと知らせても来おらぬ。何も、わしの方から出向くすじはないわ。新免から来るのが当りまえじゃ」

「でも、こんな場合ですし、一刻もはやく武蔵さんに会って、細かい様子も聞きとうございます。あちらへ参った上の挨拶はわたしがいたしますから、おばば様もご一緒に来てくださいませ」

お杉は渋々、承知した。

そのくせ息子の安否を知りたいことは、お通にも劣らないほどだった。

そこから十二、三町はある、新免家は河向うだった。その河を挟んで本位田家も古い郷士だし、新免家も赤松の血統だし、こういうことのない前から、暗黙のうちに、対峙している間がらであった。

門は閉まっていた、灯りもみえないほど樹立ちがふかい。お通が裏口へまわろうというと、お杉は、

「本位田の老母が、新免を訪ねるのに、裏口から入るような弱味は持たぬ」

と、動かないのである。

やむなく、お通だけ裏へ廻って行った。しばらく経つと、門のうちに灯りがさした。お吟も出て来て迎え入れる。野良で畑を耕しているお杉とは打って変って、

「夜中じゃが、捨ておかれぬことゆえに、出向いて来ましたぞよ。お迎え、ご大儀じゃ」

と、高い気位と言葉にも権式を取って、ずっと、新免家の一間へ上がった。

三

*荒神様のお使いのように、お杉はだまって上座へ坐った。お吟のあいさつを鷹揚にうけて、すぐ、

「おまえの家の、悪蔵がもどって来たそうじゃが、ここへ、呼んでおくりゃれ」

と、いった。

藪から棒だ、お吟は、

「悪蔵とは、誰のことでございまするか」

と、訊きかえした。

「ホ、ホ、ホ。これは口が辷った。村の衆がそういうので、婆もつい染まったとみゆる。悪蔵とは、武蔵のこと、戦から帰って、ここに隠れておろうがの」

「いいえ……」

肉親の弟のことを、ずけずけいわれたので、お吟は白けた顔に唇を噛んだ。お通は気の毒になって、武蔵のすがたを、今日の灌仏会で見かけたと側から告げて、

「ふしぎでございますね、ここへも来ないとは？」

と双方の間をとりなした。

お吟は、苦しげに、

「……来ておりません、姿を見せたなら、そのうちには、参りましょうが」

すると、お杉の手が、とんと畳をたたいた、そして、舅のような恐い顔していった。

「なんじゃ、今のいい草は。そのうちに参りましょうで、よう済ましていられたもの。そもそも、わしがとこの息子を唆して、戦へつれ出したのは、ここの悪蔵じゃないか。又八はな、本位田の家にとっては、大事な大事な、後継じゃぞ。それを——わしの眼をぬすんで誘き出したばかりか、おのれ一人、無事にもどって来て済むものか。……それもよい、なぜ、挨拶に来さっしゃらぬ、自体この新免家の姉弟は、小癪にさわる、……この婆を何と思うていなさるのじゃ。さっ……おのれが家の武蔵が帰って来たからには、又八も、ここへ帰してくだされ、それが出来ねば、悪蔵めをここへすえて、又八の安否と落着きをこの婆に得心がなるように聞かしてもらいましょう」

「でも、その武蔵がおりませぬことには」

「白々しい。おぬしが、知らぬはずはない」

「ご難題でございます」

お吟は、泣き伏してしまった。父の無二斎がいるならばと、すぐ胸の裡では思うのだった。

と、その時、縁側の戸が、がたっと鳴った。風ではない、はっきり、戸の外には人の跫音らしい気配がしたのである。

「おやっ？」

お杉が、眼を光らすと、お通はもう起ちかけていた。——途端に次の物音は、絶叫だった、人間の発しる声のうちでは最も獣に近い呻きであった。

つづいて、何者かが、

「――あッ、捕まえろっ」

迅い烈しい足音が、邸のまわりを駈け出した。樹の折れるような音――藪の揺れて鳴る音――足音は一人や二人のものではない。

「武蔵じゃ」

お杉は、そういって、ぬっと立った。泣き伏しているお吟の襟元を睨みつけて、

「いるのじゃ！　見え透いたことをこの女は、婆に隠しくさる。なんぞ理があろう、覚えていやい」

歩いて、縁側の戸を開けた。そして外をのぞくと、お杉は、土気いろに顔を変えた。脛へ具足を当てた一人の若者が仰向けになって死んでいたのである。口や鼻から鮮血をふき出している無残な態から見ると、何か木剣のような物で、一撃のもとに、打ち殺されたものらしかった。

四

「た……誰じゃ……誰かここに殺されているがの」

お杉のただ事でない顫き声に、

「えっ？」

お通は、縁側まで行燈を提げて出た。お吟も怖々大地をのぞいてみた。

死骸は、武蔵でもなし又八でもなかった。この辺に見馴れない武士なのだ。戦慄のうちにも、ほっとしたように、

「下手人は、何者じゃろう？」

お杉は、呟いて、それから急にお通へ向って、関りあいになるとつまらないから帰ろうといい出した。お通は、この老母が息子の又八を盲愛する余り、ここへ来ても酷いことばをいいちらしたのみで、お吟が可哀そうでならなかった。何か事情もあろうと思うし、慰めてもやりたいので、自分は後から帰るというと、

「そうか。勝手にしやい」

膠もなく、お杉はひとりで、玄関から出て行った。

「お提燈を」

と、お吟が親切にいうと、

「まだ、本位田家の婆は、提燈を持たねば歩かれぬほど、耄碌はしておらぬ」

と、いう。

まったく、若い者にも負けない気の老母だった。外へ出ると、裾を端折って夜露のふかい中をてくてくともう歩み出して行く。

「婆。ちょっと待て」

新免家を出ると、すぐ呼びとめた者がある。彼女のもっとも怖れていた関り合いがも

う来たのだ。人影は陣太刀を横たえ、半具足で手足をかためている、この村に見かけない堂々とした武士である。

「そちは、今、新免家から出て来たな」

「はい、左様でございますが」

「新免家の者か」

「とんでもない」

あわてて、手を振った。

「わしは、河向いの郷士の隠居」

「では、新免武蔵と共に、関ケ原へ戦に出た本位田又八の母か」

「されば。……それも伜が好んで行ったのではなく、あの悪蔵めに騙されたのでおざりまする」

「悪蔵とは」

「武蔵のやつで」

「さほどに、村でもよくいわぬ男か」

「もうあなた様、手のつけられぬ乱暴者でございましての、伜があんな人間とつき合うたため、わたしどもまで、どれほど泣きを見たことやら」

「そちの息子は、関ケ原で死んだらしいな。しかし、悔やむな、敵はとってやる」

「あなた様は？」

「それがしは、戦の後、姫路城の抑えに参った徳川方の者だが、主命をおびて、播州境に木戸を設け往来人を検めていたところ、此邸の――」

と、うしろの土塀を指さして、

「武蔵と申す奴が、木戸を破って逃げおった。その前から、新免伊賀守の手について、浮田方へ加担した者とわかっているゆえ、この宮本村まで追いつめて来たところじゃ。――したがあの男、おそろしく強い、数日来、追い歩いて、疲れるのを待っているが、容易には捕まらん」

「ア……それで」

お杉は、うなずいた。武蔵が、七宝寺へも、姉の側へも立ち寄らない理が解けた。同時に、息子の又八は帰らずに、彼のみ生きて帰ったことが、憤ろしかった。

「旦那様……なんぼ、武蔵が強うても、捕まえるのは、易いことでございませぬか」

「何せい人数が少ないのだ。今も今とて、彼奴のために、一人、打ち殺されたし……」

「婆に、よい智慧がありますのじゃ、そっと、耳をお貸しなされ……」

五

どんな策を、囁いたのであろうか。

「む！　なるほどな」

姫路城から国境の目付に来ているその武士は大きくうなずいた。

「首尾ようおやりなされよ」

お杉婆は、煽動するようにいって、立ち去った。

――間もなく。その武士は、新免家の裏手に、十四、五名の人数をまとめていた。何か、密かにいい渡して、やがて塀をこえて邸のうちへなだれこんだ。

若い女同士の――お通とお吟とが――お互いの薄命でも語らい合っていたのか、更けた灯りの下に涙をぬぐい合っている所へであった。人数は土足のまま、両方の襖から入り込んで来て、部屋へいっぱい立ち塞がった。

「……あっ？」

お通は蒼ざめて、おののいたきりだったが、さすがに無二斎の娘であるお吟は却ってきびしい眼でその人々を見つめた。

「武蔵の姉はどっちだ」

一人がいうと、

「私ですが」

と、お吟はいって、

「邸のうちへ、無断で、何事でござりますか。女住居と思うて、無礼な所作などあそばすと、ゆるしてはおかれませぬぞ」

膝がしらを向けて責めると、先刻、お杉と立ち話しを交わした組頭らしい武士が、

「お吟は、こっちだ」

と、彼女の顔を指さした。

屋鳴りと同時に灯りが消えた。お通は悲鳴をあげて庭先へまろび落ちた。理不尽でもあるし、突然な狼藉ぶりだ、お吟ひとりに向って、十名以上の大の男が押しかぶさって来て縄にかけようとするのである。お吟はそれに対して女とも思われない壮烈な抵抗を見せているのだった。——しかしそれも一瞬だった。ねじ伏せられて、足蹴にされているらしい。——

たいへんだっ。

どこを走って来たのか自分でもわからないが、とにかく深夜の道を、お通は七宝寺の方へ向って、裸足のまま人心地もなく駈けていた。平和に馴れてきた処女の胸には、この世が顚動したような衝撃だった。

寺のある山の下まで来ると、

「お。お通さんではないか」

樹蔭の石に腰をおろしていた人影が起って来ていった。宗彭沢庵なのである。

「こんな遅くまで帰らないことはないのに、どうしたかと思って、捜していた所だった。おや、跣で？　……」

彼女の白い足へ眼を落すと、お通は、泣きながらその胸へとびついて訴えた。

「沢庵さん、大変です、アア、どうしよう」

沢庵は、相変らず、

「大変？　……世の中に大変なんていうことがそうあるだろうか。まあ、落着いて、理を聞かせなさい」

「新免家のお吟さんが捕まって行きました。……又八さんは帰って来ないし、あの親切なお吟様は捕まってゆくし。……わ、わたし、これから先……ど、どうしたらいいんでしょう」

泣きじゃくって、いつまでも沢庵の胸に身をふるわせていた。

茨

一

土も草も大地は若い女のような熱い息をしている、むしむしと顔の汗からも陽炎が立ちそうである。そして、ひそりとした春の昼中。

武蔵はひとり歩いていた。自己の対象となる何物もない山の中を、いらいらした眼つきを持ち、例の黒樫の木剣を杖に持ってである。彼はひどく疲れているらしかった。禽が飛んでも、すぐ鋭い眸がそれに動く。動物的な官能と猛気が、泥や露に汚れ果てた全身に漲っていた。

「畜生っ……」

誰にとはなく、こう呪いを呟くと、やり場のない憤りが、ふいに木剣をうならせて、

「えいッ！」

太い生木の幹を、パッと割った。

木の裂け目から白い樹乳がながれた、母の乳を思いだしたか、じっと目を注いでいた。母のいない故郷は、山も河もただ寂しかった。

「おれを、この村の者は、なんで目の仇にするんだ。――おれの姿を見れば、すぐ山の関所へ告げ口するし、おれの影を見れば、狼に出会ったようにこそこそ逃げてしまう……」

彼は、この讃甘の山に、きょうで四日も隠れていた。

ひる霞のあなたには、先祖以来の――そして孤独の姉がいる邸が望まれるし、すぐ麓の樹の中には七宝寺の屋根がしずかに沈んで見える――

だが、そのどっちへも、彼は近づき得ないのである。灌仏会の日に、人ごみに紛れて、お通の顔を見に行ったが、お通が、大きな声で自分の名を群衆の中でよんだので、発見されたら、彼女へも禍いがかかるし、自分も、捕まってはならぬと思って、あわてて姿を晦ましてしまった。

晩になって、姉のいる邸へもそっと訪ねて行ったが、折悪く又八の母が来ていた。又八のことを訊かれたら何といおう、自分だけが帰って来て、あの老母に何と詫びようか

などと、外にたたずんだまま、姉のすがたを戸の隙間からのぞき見して惑っているうちに、張り込んでいた姫路城の武士たちに見つかってしまい、言葉もひとつ交わさぬうち、姉の邸からも逃げ退かなければならなかった。

それ以来は、この讃甘の山から見ていると姫路の武士たちが、自分の立ち廻りそうな道を、血眼になって捜し歩いている様子だし、村の者も結束して、毎日、あの山この山と、山狩をして自分を捕まえようとしているらしく思われる。

「……お通さんだって、俺を、どう考えているか？」

武蔵は、彼女にさえも、疑心暗鬼を持ち始めた、故郷のあらゆる人間が、敵となって、自分の四方を塞いでいるように疑われて来るのだった。

「お通さんには、又八がこういう理由で帰らなくなったのだと、ほんとのことは、いい難い。……そうだ、やっぱり又八のおふくろに会って告げよう。それさえ果せば、こんな村に、誰がいてやるか」

武蔵は腹をきめて、歩みかけたが、明るいうちは里へ出られなかった。小石をつぶてにして、小鳥を狙い撃ちに落し、すぐ毛をむしって、その生温かい肉を裂いては、生のままむしゃむしゃと食べて歩いていた。

すると、

「あっ……」

出会いがしらのことである。誰か、彼のすがたを見ると共に、樹の間へあわてて逃げ

こんだ者がある。武蔵は、理由なく自分を忌み厭う人間に、憤ッとしたらしく、

「待てッ」

豹のように跳びついた。

二

よくこの山を往来する炭焼きなのだ。武蔵はこの男の顔を見知っている、襟がみをつかんでひき戻しながらいった。

「やいっ、なぜ逃げる？　俺はな、忘れたか、宮本村の新免武蔵だぞ、何も、捕って食おうといいはしない。挨拶もせず、人の顔見て、いきなり逃げいでもよかろう」

「へ、へい」

「坐れ」

手を離すと、また逃げかけるので、今度は、弱腰を蹴とばして、木剣で撲るまねをすると、

「わっッ」

頭をかかえて、男はうッ伏した、そのまま腰をぬかしたように戦慄して、

「た、たすけてッ」

と、喚いた。

村の者が、何のために、自分をこんなに恐怖するのか、武蔵にはわからなかった。

「これ、俺が訊くことに、返辞をせい、よいか」

「なんでも、申しますだが、生命だけは」

「誰が生命をとるといったか。麓には、討手がいるだろうな」

「へい」

「七宝寺にも、張りこんでいるか」

「おりますだ」

「村の奴ら、きょうも、俺を捕まえようとして、山狩に出ているか」

「………」

「汝れも、その一人だな」

男は、跳びあがって、唖のように首を振った。

「うんにゃ、うんにゃ」

「待て待て」

その首の根をつまんで、

「姉上は、どうしているか」

「どッちゃの？」

「俺の姉上――新免家のお吟姉だ、村の奴ら、姫路の役人に狩りたてられて、俺を追うのはぜひもないが、よもや姉上のお身を、責めはしまいな」

「知らん、おら、何も知らんで」

「こいつ」

木剣を、振りかぶって、

「怪しい物のいい振りをする。何かあったな、ぬかさぬと、頭の鉢を、これが打ち砕くぞ」

「あっ、待ってくれ。いうがな、いうがな」

炭焼きは、掌をあわせた。そして、お吟が捕まって行ったこと、また、村へは布令がまわって、武蔵に食物を与えた者や、武蔵に寝小屋を貸した者は、すべて同罪であるという達しと共に、一戸から一人ずつ隔日に若い者が徴発されて、毎日、姫路の武士を先頭にして、山狩をしていることなど告げた。

武蔵の皮膚は、憤怒のため鳥肌になった。

「ほんとか！」

念を押して――

「姉上に何の罪があって！」

と、血になった眼をうるませた。

「わしら、何も知らん、わしらはただ、御領主が怖ろしいで」

「何処だ、姉上の捕まって行った先は。――その牢屋は」

「日名倉の木戸だと、村の衆はうわさしていただが」

「日名倉――」

国境の山の線を、呪いにみちた眸がじっと振り仰いだ、もうその辺りの中国山脈の脊柱は灰色の夕雲に、斑になって黒ずんでいた。

「よしっ、貰いにゆくぞ、姉上を……姉上を……」

呟きながら、武蔵は木剣を杖について、水音のする沢辺の方へ、一人でガサガサと降りて行った。

三

勤行の鐘が、今しがた終った。旅へ出て留守だった七宝寺の住持も、きのうか今日、帰って来ているらしい。

外は、鼻をつままれても分らない闇だったが、伽藍のうちには、あかい燈明や庫裡の炉の灯や、方丈の短檠がゆらぐのが覗かれて、およそそこに起ち居する人影も淡く見てとれる。

「お通さん、出てくればいいが……」

武蔵は、本堂と方丈との通路になっている橋廊架の下に、じっとうずくまっていた。

夕餉の物を煮るにおいが生あたたかく漂ってくる、彼は、けむりの出る汁や飯を想像した、この数日、生の小禽だの、草の芽などよりほか、何も入っていない胃ぶくろは、胸さきで暴れて、痛みだした。

「がっ……」

口から胃液を吐いて、武蔵は苦しんだ。

その声がひびいたとみえ、

「なんじゃ」

方丈で、誰かがいう。

「猫でしょう」

お通が、答えた。そして、夕餉の膳を下げて、武蔵のうつ伏している上の橋廊架をわたってゆくのである。

——あっ、お通さん。

武蔵は呼ばわろうとしたが、苦しくて声が出なかった。だが、それはかえって僥倖でもあった。

すぐ彼女の後から、

「風呂場は、どこじゃな」

と尾いて来た者がある。

寺の借着に、細帯をしめ、手拭をさげている。ふとあおぐと、武蔵には覚えのある姫路城の武士なのだ。部下や村の者に山狩をさせたり、夜昼のけじめなく捜索に奔命させたりしておいて、自分は、陽が暮れればこの寺を宿として、馳走酒にあずかっているという身分らしい。

「お風呂でございますか」

お通は、持ち物を下において、

「ご案内いたしましょう」

縁づたいに、裏へ導いてゆくと、鼻下にうす髯のあるその武士は、お通のうしろからいきなり抱きすくめて、

「どうじゃ、いっしょに入浴らないか」

「あれっ……」

その顔を、両手で抑えつけて、

「えいじゃないか」

頬へ、唇をすりつけた。

「……いけません！　いけません！」

お通は、かよわかった。口をふさがれたのか、悲鳴も出ないのである。

——武蔵は、身の境遇の何かをも忘れて、

「何をするっ！」

縁の上へ、跳び上がった。

うしろから突いた拳が武士の後頭部に鳴った。手もなくお通を抱えたまま、相手は下に転げ落ちている。

お通が、高い悲鳴をあげたのも、その途端であった。

仰天した武士は、

「やっ、おのれは、武蔵じゃな。——武蔵だっ、武蔵が出てきた。各〻、出で合えっ」

と、喚いた。

忽ち、寺内は足音や呼びあう声の暴風となった。武蔵のすがたを見たらばと、かねて合図してあったか、鐘楼からはごんごんと鐘が鳴った。

「素破」

と、山狩の者は、七宝寺を中心に、駈け集まった。時を移さず裏山つづき讃甘の山一帯をさがし始めたが、その頃、武蔵はどこをどう走って来たか、本位田家のだだっ広い土間口に立って、

「おばば、おばば」

と、母屋の明りをのぞいて、訪れていた。

四

「たれじゃ」

紙燭を持って、何気なく、お杉は奥から出てきた。

下顎から、逆さに紙燭の明滅をうけている窪の多い顔が、土気いろにさっと変った。

「あっ、おぬしは！　……」

「おばば、一言、告げに来た。……又八は戦で死んだのじゃない、生きている、或る女と、他国で暮している。……それだけだ、お通さんにも、おばばから伝えておいてくれ

や」

そうい終ると、

「ああ、これで気がすんだ」

武蔵は、すぐ木剣を杖について、暗い戸外へもどりかけた。

「武蔵」

お杉は呼びとめた。

「汝れ、これから、何処へゆく気じゃ？」

「おれか」

沈痛に――

「おれは、これから、日名倉の木戸をぶち破って、姉上を奪りかえすのだ。そのまま、他国へ走るから、おばばとも、もう会えん。……ただ、ここの息子を、戦で死なして、おれ一人、帰って来たのではないということを、この家の者と、お通さんに告げたかったのだ。もう、村には、未練はない」

「そうか……」

紙燭を持ちかえて、お杉は、手招ぎした。

「おぬしは、腹がすいてはおらぬのか」

「飯など、幾日も、食べたことはない」

「不愍な……。ちょうど、温かいものが煮えている。何ぞ、餞別もしてやりたい。ばばが、支度するあいだ、湯でも浴みていやい」

「…………」

「のう、武蔵、おぬしの家と、わしが家とは、赤松以来の共に旧家じゃ、わかれが惜しい、そうして行かっしゃれ」

「…………」

武蔵は、肱を曲げて、眼を拭った。ふいに温かい人情にふれたので、猜疑と警戒心だけに張りつめていたものが、急に人間の肌を思いだしたのであった。

「さ……早う裏へ廻れ、人が来たらどうもならぬ。……手拭は持っていやるか、風呂を浴みている間に、そうじゃ、又八の肌着や小袖もある、それを出しておいて上げよう、飯の支度もしておこう。……ゆるりと、湯に浸っていたがよい」

紙燭をわたして、お杉は奥へかくれた、するとすぐ分家の嫁が、庭から、どこへやら走って行ったようであった。

戸の鳴った風呂小屋の中には、湯の音がして、明りの影がゆらいでいる、お杉は母屋から、

「湯のかげんは、どうじゃな」

と声をかけた。

武蔵の声が、風呂場から、

「いい湯だよ。……ああ生き甦ったような気がする」

「ゆるりと、温まっていたがよいぞ、まだ、飯が炊けておらんようじゃ」

「ありがとう。こんなことなら、早く来ればよかったのだ。俺はまた、おばばが、きっと俺を怨んでいるだろうと思ってな……」

欣びに溢れた声が、それからも湯の音に交じって二言三言していたが、お杉の返辞はしなかった。

やがて、息をせいて、分家の嫁が門の外までもどって来た。——後ろに、二十人ほどの武士や山狩の者を連れている。

外に出ていたお杉は、低声で、その人々へ何か囁いた。

「なに、風呂小屋へ入れておいたと？　そいつは出来した。……よしっ、今夜は捕えたぞ」

武士たちは人数をふた手に分けて、大地を蟇の群れのように這ってゆく。

風呂口の火が、闇の中に真っ赤に見えていた。

五

何か——何とはなくである——武蔵の六感はおののいた。

ふと、戸の隙間から外をのぞいた途端にである。彼は、総身の毛穴をよだてて、

「あっ、騙されたっ」

と、叫んだ。

裸体だ、風呂場の狭い中だ、どうする分別も、いとまもない。

気がついたのがすでに遅いのだ、棒、槍、十手、そんな武器を持った人影が、板戸のそとには、充満している、実際は十四、五名に過ぎなかったろうが、彼の眼には、何倍にも映った。

逃げる策がない。身にまとう一枚の肌着すらここにはないのだ。だが武蔵は、怖い感じを持たなかった、お杉に対する憤りがむしろ彼の野性を駆って、

「うぬっ、どうするか見ておれっ」

守勢を考えない。こんな場合にも、彼は、敵と思う者へ、こっちから出てゆくこころにしかなれないのだ。

捕手たちが、互いに、踏みこむのを譲り合っている間に、武蔵は内から戸を蹴とばして、

「なんだッ！」

喚いて、躍り出した。

素裸なのだ、濡れ髪は解けて、ざんばらになっている。

武蔵は歯を咬み鳴らし、胸いたへ走って来た敵の槍の柄へしがみついた、相手を振りとばし、それを自分の物として握り直すと、

「こいつらっ」

無茶である、縦横に槍を振りまわして、撲るのだ。しかし大勢に対しては、これは効

果がある、穂先を使わずに柄を使う槍術は、そもそも関ケ原の実戦で彼は教えられたものである。

ぬかった！　なぜ先に死に物狂いで、三、四人風呂場の中へこっちから飛び込まなかったかと、後手を悔いるように、捕手の武士たちは、叱咤を交わしあった。

十度ほど、大地を撲ると、槍は折れてしまった。武蔵は、納屋の廂の下にあった漬物樽の押し石をさしあげて、取りかこむ群れへ抛りつけた。

「それっ、母屋へ、跳びこんで行ったぞっ」

外から、人々がこう喚くと、一室からは、お杉だの分家の嫁だのが、跣のまま裏庭へころげ降りた。

家の中を、雷鳴があるいているように、何か、凄まじい物音をさせながら、武蔵は、歩いていた。

「俺の着物は、どこへやった、俺の着物を出せっ」

そこらには野良着が脱ぎすててあるし、手をかければ衣裳箪笥もあるが、眼もくれない。

血眼で、自分のつづれた着物を、やっと厨の隅に見つけ出すと、それを抱えたまま、土泥竈の肩に足をかけて、引窓から屋根へ這い出した。

堤を切った濁流へ自失の声を揚げるように下では騒いでいる。武蔵は、大屋根のまん中へ出て、悠々と、着物を着ていた、そして歯で帯の端を咬み裂き、濡れ髪をうしろに束ねて、根元を自分でかたく結んだ、眉も、眼じりも、引ッ吊れるほどに。

大空は一面、春の星であった。

孫子

一

「おおうーいっ」

此方の山で呼ぶと、向うの山でも、

「オウーイ」

と、遠く答えてくる。

毎日の山狩だ。

飼蚕の掃きたても、畑打ちも手につかないのである。

当村、新免無二斎の遺子武蔵事、予而、＊追捕お沙汰中の所、在所の山道に出没し、殺戮悪業いたらざるなきを以て、見当り次第成敗仕る可者也、依而、武蔵調伏に功ある者には、左之通り、御賞を下被。

一　捕えたるもの　　銀　十貫

一　首打ったるもの　田　十枚

一　匿れ場所告げたるもの　田　二枚

以上

慶長六年　池田勝入斎輝政　家中

こういう物々しい高札が、庄屋の門前や、村の辻に、いかめしく立った、本位田家のまわりは、武蔵が復讐に来るだろうという噂で、お杉ばばも家族も、戦々兢々として門を閉じ、出入り口にも鹿垣*を作った。姫路の池田家から応援に来た人勢は、そこにも夥しくいて、万一武蔵が出てきた場合は、法螺貝や寺の鐘や、あらゆる音響で互いに連絡をとり、袋づつみにしてしまおうと作戦は怠りない。

だが、何の効もなかった。

——今朝もだ。

「わあ、また、ぶち殺されている」

「誰じゃ、こんどは」

「お武士じゃがな」

村端れの道ばたの草むらへ、首を突っこんで、二本の足を変な恰好に上げて死んでいる死骸を発見して、恐怖と好奇心にかられた顔が、取り巻いて騒いでいた。

死骸は、頭蓋骨をくだかれていた、それも附近に立っていた高札で撲ったものとみえ、朱になった高札が、死骸とぶっ交えに、死人の背に負わせて捨ててある。

褒美の文句が、高札の表に出ているので、それを読む気もなく読むと、残酷な感じは消されて、まわりの者は、何だかおかしくなって来た。

「笑うやつがあるか」

と、誰かいった。

七宝寺のお通は、村の人々の間から、白い顔を引っこめた、唇まで白っぽく変っていた。

（見なければよかった――）

悔いながら、まだ眼にちらつく死人の顔を忘れようとして、小走りに寺の下まで駈けてきた。

慌ただしく、上から降りて来たのは、寺を陣屋みたいにして、先頃から泊りこんでいる大将だった。五、六名の部下と一緒に、報らせをうけて駈けつける所らしかった、お通の姿を見かけると、

「お通か。何処へ参ったな」

などと、暢気なことをたずねた。

お通は、この大将の泥鰌ひげが、いつぞやの晩のいやらしいことがあって以来、見るのも虫酸が走ってならなかった。

「買い物に」

それも投げ捨てるようにいって、見向きもせず、本堂前の高い石段を駈け上がって行

った。

二

沢庵は、本堂の前で、犬と遊んでいた。

お通が、犬を避けて走って行くのを見て、

「お通さん、飛脚が届いているよ」

「え……わたしに」

「留守だったから、預かって置いた」

袂からそれを出して、彼女の手へ渡しながら、

「顔いろが悪いが、どうかしたのか」

「道ばたで、死人を見ましたら、急にいやな気持になって――」

「そんなもの見なければいいに。……だが、眼をふさぎ道をよけても、今の世の中では、到るところに、死人が転がっているのだから困るな。この村だけは、浄土だと思っていたが」

「武蔵さんは、なぜあんなに、人を殺すんでしょう」

「先を殺さなければ、自分が殺される。――殺される理もないのに、無駄に死ぬこともない」

「怖い！……」

戦慄して、肩をすぼめ、
「ここへ来たら、どうしましょう」
山にはまた、うす黒い綿雲が降りていた。お通は無自覚に手紙を持って、庫裡の横にある機舎へかくれた。

織りかけてある男物の布地が、機にかけられてあった。

朝に夕に思慕の糸を紡ぎ溜めて、やがて許婚の又八が帰国したら——あの人に着てもらおう——そう楽しんで去年から少しずつ織っていたものだった。

筬の前へ、腰かけて、

「……誰からだろう？」

飛脚の文を見直した。

孤児の自分には、便りをくれる人もなし、便りを出す人もない。何か人まちがいのような気もされて、彼女は、何度も宛名書きを見直すのだった。

長い駅伝を通ってきたらしく、飛脚文は手ずれや雨じみでボロボロになっていた。封を解いてみると、二本の手紙が中からこぼれた、まず一通を先に開けて見る。

それはまったく見覚えのない女文字で、やや年長けた人の筆らしく——

　べつの文、ご覧なされ候わば、多言には及ぶまじと思われ候えど、証のため、私よりも認めまいらせ候。

又八どの、此度、御縁の候て、当方の養子にもらいうけ候に就いては、おん前様のこと、懸念のようにみえ候まま、左候ては、ゆく末、双方の不為故、事理おあかし申し候て、おもらい申候。何とぞ、以後は又八どのの事、御わすれくだされたく先は斯ように迄、一筆しめし参らせ申そろ。かしこ。

お甲

お通さま

もう一つの書状は、正しく本位田又八の手蹟なのである。それにはくどくどと帰国できない事情が書き連ねてある。

つまるところ自分のことはあきらめて、他へ嫁いでくれというのだった。実家の母へは、自分からは手紙にも書きにくいから、他国で生きているということだけを、会った時に、告げておいてくれなどとも認めてある。

「…………」

お通は、頭のしんが、氷のようになるのを覚えた。涙も出ない。顫きながら紙の端を支えている指の爪が、先刻、使いの途中で見た死人の爪と、同じような色に見えた。

三

部下のすべては、野に臥し山に寝、日夜奔命に疲れていたが、どじょう髯の大将は、本陣の寺をむしろ安息所ともして、悠々と泊りこんでいるため、寺では夕方になると風呂をわかすとか、川魚を煮くとか、佳い酒を民家からさがして来るとか、毎晩のもてなしもなかなか気づかいであった。

その忙しない夕暮になっても、お通のすがたが厨に見えないので、きょうは、方丈の客へ膳を出すのが晩くなった。

沢庵は、迷子を捜すように、お通の名を呼びながら、境内を歩いていたが、機舎の中には、筬の音もしないし、戸も閉まっているので、何度もその前を通りながら、開けてみなかった。

住職は、時々、橋廊架へ出て来て――

「お通は、どうしたっ？」

とわめいている。

「おらんはずはないわ。酌人が見えいでは、酒には及ばぬと、お客様はおっしゃるではないか。はよう捜して来うっ」

寺男はとうとう麓のほうまで、提燈をもって降りて行った。

沢庵は、ふと、機舎の戸を開けてみた。

お通はいた。機の上へ、俯つ伏していたのである。暗いなかに、ただ独り寂寞を抱きしめて。

「？……」

沢庵は、見まじきものを見たように、しばらく黙っていた。彼女の足もとには、怖ろしい力で捻じ縒った二通の手紙が、呪咀の人形のように踏みつけてあった。

そっと沢庵は、拾い取って、

「お通さん、これは昼間来た飛脚文じゃないか、しまっておいたらどうだ」

「………………」

お通は、手にも触れない。かすかに顔を振るだけであった。

「みんなが、捜しているのだ。さ……気がすすまないだろうが、方丈へお酌に行っておやり、住持が弱っているらしい」

「……頭が痛いんです。……沢庵さん……今夜だけは行かなくてもよいでしょう」

「わしは、いつだって、酒の酌などに、其女が出るのをよいことだとは思うていない。しかし、ここの住持は世間人だ、見識をもって、領主に対し、寺の尊厳を維持してゆく力などはない人だからな。――ご馳走もせねばならんじゃろうし、どじょう髯の機嫌もとらずばなるまいて」

と、お通の背を撫でて、

「其女も、幼少から、此寺の和尚には、育てられて来た人。こういう時には、住持の手伝いになってやれ。……よいか。ちょっと、顔を出せばよいのだ」

「え……」

「さ、行こう」

抱き起すと、涙の蒸れたにおいの中から、お通は、ようやく顔を上げて、

「沢庵さん……じゃあ参りますから、すみませんが、あなたも一緒に方丈にいてくれま

せんか」

「それやあ関わないが、あのどじょう髯の武士は、わしが嫌いらしいし、わしも、あの髯を見ると、何か、揶揄いたくなっていかんのじゃ。大人気ないが、そういう人間がままあるもんでな」

「でも、私、一人では」

「住持がいるからよいではないか」

「和尚様は、私がゆくと、いつも席を外しておしまいなさるのです」

「それは不安だ。……よしよし、一緒に行ってやろう。案じないではやく、お化粧をしておいで」

四

方丈の客は、やがてお通も見えたもので、曲がりかけていたお冠もやや直り、悦に入って、酒杯もかさね、あから顔のどじょう髯に対立して、眼じりもおもむろに下がって来た。

しかしまだほんとのご機嫌になりきれないものがある。それは燭台の向う側によけいな人間が一人いて、ぺたんと盲人のように猫背に坐り、膝を机に書物を読んでいるからである。

沢庵なのだ。どじょう髯の大将は、この寺の納所と思っているらしく、遂に、

「オイ、こら」

と、顎を指していった。しかし沢庵は顔を上げようともしないので、お通がそっと注意すると、

「え。わしを？」

見まわすのを――どじょう髯は、大ふうに、

「コラ納所。その方には用事もない。退がっておれ」

「イエ、結構でございます」

「酒のそばで、書物など読んでいられては、酒が不味くていかん。立てっ」

「書物はもう伏せました」

「眼ざわりじゃ！」

「では、お通さん、書物を部屋の外へ出しておくれ」

「書物がではない、その方という者が、酒の座に、不景色でいかんというのだ」

「困りましたな。悟空尊者のように、煙になったり、虫に化けて、膳のすみに止まっているわけにもゆかず……」

「退がらんかっ！　ぶ、ぶ礼な奴だ」

遂に、怒り出すと、

「はい」

と、一応畏まって、沢庵はお通の手を取った。

「お客様は、独りが好きだと仰せられる。孤独を愛す、それ君子の心境だ。……さ、お邪魔しては悪い、あちらへ退がろう」

「コッ、こらっ」

「何ですか」

「だれが、お通まで、連れて退がれと申したか。自体、その方は平常から傲慢で憎い奴だ」

「坊主と武士、可愛らしい奴というようなのは、まあ尠のうございますなあ。――例えば、あなたの髯の如きも」

「直れっ！　それへ」

床の間に立てかけてある陣刀へ手をのばした。そしてどじょう髯が、ピンと刎ね上がったのを、沢庵は、まじまじと見つめて、

「直れとは、どういう形になるのですか」

「いよいよ、怪しからぬ納所め。成敗いたしてくれる」

「では、拙僧の首をですか。……あはははは、およしなさい、つまらない」

「何じゃと」

「坊主の首を斬るほど張合いのないものはない、胴を離れた首が、ニコと笑っていたりしていたら、斬り損でしょう」

「オオ、胴を離れた首で、そう吐かしてみいッ」

「しかし――」

沢庵の饒舌は、彼を怒らすばかりだった。太刀の柄にかかっている拳は、憤りにガタガタふるえていた。お通は身をもって沢庵を庇いながら、沢庵の弄舌を泣き声出してたしなめた。

「何をいうのです沢庵さん、お武士様へ向って、そんな口をきく人がありますか。謝りなさい、後生ですから、謝っておしまいなさい。斬られたら、どうしますか」

だが、沢庵はまだいった。

「お通さんこそ退いておいで。――なアに大丈夫。多くの人数を抱えながら、二十日も費やして、いまだに独りの武蔵を成敗できない能なしに、何で沢庵の首が斬れよう。斬れたらおかしい。余程おかしい」

五

「ウヌ、うごくなっ」

どじょう髯は、満顔に朱をそそいで、太刀の鯉口を切った。

「お通、退いとれ、口から先に生れたこの納所めを、真二ツにしてくれねばならん」

お通は、沢庵を後ろに庇い、彼の足もとへ身を伏して、

「お腹立ちでもございましょうが、どうぞ堪忍してあげて下さい。この人は、誰に対ってもこんな口をきくのです。決してあなた様ばかりへ、こういう戯れ口をいうのではご

ざいません」

　すると沢庵が、

「これ、お通さん何をいう。わしは戯れ口をいっているのではない。真実をいっているのだ。能なしだから能なし武士といった。それが悪いか」

「まだ申すな」

「いくらでも申す。先ごろから騒いでいる武蔵の山狩など、お武士には、幾日かかろうと関うまいが、農家はよい迷惑、畑仕事をすてて、毎日、賃銀なしのただ仕事に狩り出されては、小作など、顎が乾あがる」

「ヤイ納所、おのれ坊主の分際をもって、御政道を誹謗したな」

「御政道をではない――領主と民の間に介在して、禄盗みも同様な奉公ぶりをしている役人根性へわしはいうのだ。――例えばじゃ、おぬしは今宵、何の安んずるところがあって、この方丈に便々と長袖を着、湯あがりの一杯などと、美女に寝酒の酌をさせているか。どこに、誰に、その特権をゆるされてござるのか」

「…………」

「領主に仕えて忠、民に接して仁、それが吏の本分ではないか。しかるに、農事の邪を無視し、部下の辛苦も思いやらず、われのみ、公務の出先、閑をぬすみ、酒肉を漁り、君威をかさに着て民力を枯らすなどとは悪吏の典型的なるものじゃ」

「…………」

「わしの首を斬って、おまえの主人、姫路の城主池田輝政殿の前へ持って行ってごらんじゃい、輝政大人は、オヤ沢庵、今日は首だけでお越しかと驚くじゃろう。輝政殿とわしとは、妙心寺の茶会からの懇意、大坂表でも、大徳寺でも、度々お目にかかっているんだよ」

――どじょう髯は、毒っ気を抜かれた形である、酔いもいささか醒め気味になって来たし、沢庵のことばの果たして真か嘘かについても、正しい判断が下し得ないでいる姿だった。

「まず、坐るがいい」

と沢庵は、救いを与えて、

「うそと思うなら、これから、蕎麦粉でも土産に持って、姫路城の輝政殿を、ぶらりと、訪ねて行ってもよろしい。――だがわしは、大名の門をたたくのが、何より嫌い。……それに、宮本村でこうとお前の噂でも茶ばなしに出たら、早速、切腹ものじゃないかな、だから、最初から、およしというたのに、武士は、後先の考えがないからいかん。武士の短所は、実にそこにある」

「…………」

「刀を、床の間へお返し。それから、もう一つ文句がある。孫子を読んだことがあるかい？　兵法の書だ、武士たる者、*孫子呉子を知らん筈はあるまい。――それについてな、宮本村の武蔵を、どうしたら、兵を損ぜずに、縛め捕れるか、その講義をこれからわしがしようというのじゃ。これや、貴公の天職に関するな、慎んで聞かずばなるまいて。……まあ、お坐り、お通さん、一杯酌(つ)ぎ直してやんなさい」

六

年からいえば、十も違うのだ、三十だいの沢庵と、四十を出ているどじょう髯とは。

――しかし、人間の差は、年にはよらないものである。質でありまた質の研(みが)きによる。平常(へいぜい)の修養鍛錬がものをいうことになると、王者と貧者とでも、この違いはどうにもならない。

「いや、もう酒は……」

最初のえらい権幕(けんまく)は何処へやら、どじょう髯は、猫のように、態度をあらためて、

「――左様でござったか、それがしの主人勝入斎輝政様と、ご入懇(じっこん)*であろうとは、いや、存じも寄らず、失礼のだんは幾重にもひとつ御用捨のほどを」

おかしいくらい恐縮する。

だが沢庵は、敢えて、高いところへ納まり返りはしなかった。

「まアまア、そんなことは、どうでもよろしいとしよう。要は、武蔵をいかにして召捕るか。つまるところ、尊公の使命も、武士たる面目も、そこにかかっておるのじゃないか」

「左様で……」

「其許(そこもと)は、武蔵の捕われが、遅れれば遅れるほど、安閑と、寺に泊って、据膳(すえぜん)さげ膳で、お通さんを追い廻していられるから関(かま)うまいが……」

「いや、その儀はもう……何分とも、主人輝政へも」

「内分にでござろう、心得ておるよ。――しかし、山狩山狩と、掛け声ばかりで、こう延び延びになっていては、農家の困窮は固(もと)より、人心恟々(きょうきょう)、良民は安んじて業に励(いそ)しむことはでけん」

「されば、それがしも、心の裡(うち)では、日夜焦慮いたしていないこともないので」

「――策がないだけじゃろ。つまり豎子(じゅし)*、兵法を知らんのじゃ」

「面目ない次第で」

「まったく、面目ないことだ。無能、徒食の奸吏(かんり)と、わしにいわれてもしかたがない。……だが、そう凹(へこ)ましただけでは気の毒だから武蔵はわしが三日の間に捕まえてやるよ」

「えっ？　……」

「うそと思うのか」

「しかし……」

「しかし、なんだい」

「姫路から数十名の加勢まで迎え、百姓足軽を加えれば、総勢二百人からの者が、毎日ああやって山入りをしておるので」

「ご苦労様な」

「また、ちょうど今は、春なので山には幾らも食物があるため、武蔵めには都合がよく、吾々には、まずい時期でもある」

「じゃあ、雪の降るまで、待ってはどうだ」

「左様なわけにも」

「――参るまいナ。だからわしが縛め捕ってやろうというのだ。人数は要らん、一人でもよいが、そうさな、お通さんを加勢に頼もうか、二人で十分にことは足りる」

「また、お戯れを」

「馬鹿いわッしゃい。宗彭沢庵、いつでも冗談で日を暮らしていると思うか」

「はっ」

「豎子兵法を知らずといったのはそこだ。わしは坊主だが、孫呉の神髄が何だかぐらいは、噛じっておる。ただし、わしが引き受けるには条件がある、それを承知せねば、わしは、雪の降るまで、見物側に廻っている考えだが」

「条件とは」

「武蔵を縛め捕った上の処分は、この沢庵にまかすことだ」

「さあ、その儀は？」

と、どじょう髯は、そのどじょう髯をつまんで考えこんだが、この得態の知れない青坊主、或は、大言壮語だけで自分を煙に巻いている肚かも知れない。逆に出たらあわてて尻尾を出す奴だろう。そう考えたので彼は断乎として答えた。

「よろしい。貴僧が捕まえたら武蔵の処置は、貴僧に一任するといたそう。——その代り万一、三日のあいだに、縄にしてお出しなさらぬ時は？」

「庭の木で、こうする」

沢庵は、首を縊る手真似をして、舌を出して見せた。

七

「気でも狂うたのか、あの沢庵坊主、今朝聞けば、飛んでもないことを引き受けたちゅうぞ」

寺男は、心配のあまり、庫裡へ来てわめいていた。

聞く人々も、

「ほんまけ？」

眼をまろくして——

「どうする気じゃろ」

住持も、やがて知って、

「口は禍いの門とはこのことよ」

などと、賢そうに、嘆息した。

けれど誰より真実に心配し出したのはお通であった。信頼しきっていた許婚の又八から、ふいに受けた一片の去り状は、又八が戦場で死んだと聞くより大きな心の傷手であった。あの本位田家の婆様にせよ、やがて、良人とする人の母と思えばこそ、忍んで仕えている人である。誰を頼みに、このさき生きてゆこう。

沢庵は、その悲嘆の闇にある彼女にとって、ただ一つの光明であった。

機舎で、独りで泣いていたあの時は、去年から又八のためにと丹精して織りかけていた布を、ズタズタに切り裂いて、その刃で死んでしまおうかとまで、思いつめていたのである。それを考え直して方丈へ酌をしに行ったのも、沢庵に宥められ、沢庵に引かれた手に人間の温か味が思い出されたからであった。

――その沢庵さんが。

お通は自分の身よりも、今は沢庵を、つまらない約束のために失ってしまうことが悲しくもあり破滅な心地がした。

彼女の常識をもって考えても、この二十日余りあんなに山狩しているのに捕まらない武蔵が、沢庵と自分との二人きりで、三日のあいだに縄目にかけてしまえるなどとは、どうしても考えられなかった。

こっちの条件と、先のいい分とは、弓矢八幡も照覧と、かたく誓い合って、どじょう髯とわかれて沢庵が本堂へ戻って来ると、彼女は沢庵へ向って、その無謀を責めて熄まなかった。しかし沢庵はやさしくお通の肩をたたいて――何も心配することはない、村の迷惑を払い、因幡、但馬、播磨、備前の四州にわたる街道の不安をのぞき、その上、幾多の人命を救うことになれば、自分の一命のごときは鴻毛よりも軽い、まあ明日の夕方までは、お通さんも悠っくり体をやすめて、黙ってそれから先はわしに尾いておいで

——という。

気が気ではない——

もう夕方は迫っているのだ。

沢庵はと見れば、本堂の隅で、猫といっしょに昼寝をしている。

住持をはじめ、寺男も、納所の者も、彼女の空虚な顔を見ると、

「およしよ、お通さん」

「かくれておしまい」

沢庵との同行を極力避けるようにすすめたが、さりとてお通は、そんな気にもなれなかった。

もう、西陽が、沈みかける。

中国山脈の皺の底のような英田川と宮本村は、夕方の濃い陽かげになりかけた。

猫が、本堂から飛び降りた。——沢庵が眼をさましたのである。廻廊へ出て、大きな伸びをしている。

「お通さん、そろそろ出かけるが支度をしてくれんか」

「草鞋と、杖と、脚絆と、それから薬だの桐油紙だの、山支度はすっかりしておきました」

「ほかに、持って行きたい物があるんじゃ」

「槍ですか。刀ですか」

「なんの。……ご馳走だよ」

「お弁当？」

「鍋、米、塩、味噌。……酒もすこしありたいな、何でもよい、厨にある食い物を一括げにして持って来ておくれ。杖に差して、二人で担いで行こう」

縛り笛

一

近い山は漆より黒い、遠い山は雲母より淡かった。晩春なので、風はぬるくて。――熊笹や、藤づるや、道の辺りは、霧の巣だった。人里から遠ざかるほど、山は、宵に一雨かぶったように濡れていた。

「暢気だのう、お通さん」

竹杖に差した荷物の先を担いで歩きながら、沢庵がいう。

お通は、後を担って、

「ちっとも、暢気なものですか。一体、どこまで行くおつもり？」

「そうさな……」

と、沢庵の返辞は心ぼそい。

「ま、も少し歩こう」

「歩くのはかまわないけど」

「くたびれたか」

「いいえ」

肩が痛むとみえ、お通は、時々、右の肩から左の肩へ、杖をかえて、

「誰にも会いませんね」

「きょうは、どじょう髭の大将、一日寺にいなかったから、山狩の者を、残らず里へ引き揚げて、約束の三日を、見物している肚だろうよ」

「いったい、沢庵さんは、あんなことをいっちまって、どうして武蔵さんを捕まえますか」

「出て来るよ、そのうちに」

「出て来たって、あの人は、平常でもとても強い男です。それに、山狩の者に囲まれて、もう死にもの狂いでいるでしょう。悪鬼というのは、今の武蔵さんのことだと思います。考えても、わたしは脚がふるえてくる」

「ホラ……その脚もと」

「嫌ッ。——ああ、びっくりしたじゃありませんか」

「武蔵が出たんじゃないよ、道端に、藤づるを張ったり、茨の垣を結ったりしてあるから、気をつけてあげたのだ」

「山狩の者が、武蔵さんを追い詰めるつもりで拵えたんですね」

「気をつけないと、わしらが、墜し穽に落ちてしまうよ」

「そんなこと聞くと、竦んで、一足も歩けなくなってしまう」

「落ちれば、わしから先だ。しかしつまらん骨折りをやったものさ。……おおだいぶ渓が狭くなったな」

「讃甘の裏は、先刻、越えました。もうこの辺は辻ノ原あたり」

「夜どおし歩いてばかりいても為方があるまいな」

「私に相談しても、知りませんよ」

「ちょっと、荷物をおろそう」

「どうするんです」

沢庵は、崖の際まで歩いて行って、

「お尿ッこ」

といった。

英田川の上流をなしている奔湍は、その脚下、百尺の巌から巌へぶつかって、どうどうと、吠えくるッている。

「アア、愉快。……自分が天地か、天地が自分か」

颯々と、尿の霧を降らしながら、沢庵は星でも数えているように天を仰いでいる。

お通は、彼方で、心細げに、

「沢庵さん、まだですか。ずいぶん長い」

やっと、戻って来て、

「ついでに、易を占ててきた。さあ、見当がついたからもう占めたものだ」

「易を」

「易といっても、わしのは心易、いや霊易といおう。地相、水相、また、天象など考えあわせ、じっと、目をつむったら、あの山に行けと卦が出た」

「高照ですか」

「何山というか知らんが、中腹に、樹のない高原が見えるじゃろうが」

「いたどりの牧です」

「いたどり……去た者捕るとは、さい先がよいぞ」

沢庵は大きく笑った。

二

ここは東南に向って、なだらかな傾斜と、広い展望を持つ高照峰の中腹で、いたどりの牧と里では称ぶ。

牧というからには、いずれ牛か馬かが放牧してあるにちがいないが、ぬるい微風が草をなでているだけの寂寞とした夜のここには、今、それらしい影は一頭も見あたらない。

「さ、ここで陣を布くのだ。さしずめ、敵の武蔵は、魏の曹操、わしは諸葛孔明というところかな」

お通は、荷をおろして、

「――ここで何をするんです」

「坐っているのさ」

「坐っていて、武蔵さんが捕まりますか」

「網をかければ、空とぶ鳥さえかかる。造作もないことだ」

「沢庵さんは、狐にでも憑まれているんじゃありませんか」

「火を焚こう、落ちるかも知れない」

枯れ木を集めて、沢庵は、焚火を作った。お通は、幾分か気づよくなって、

「火って、賑やかなものですね」

「心ぼそかったのか」

「それは……誰だって、こんな山の中で夜を明かすのは、いいものじゃないでしょう。……それに、雨が降って来たらどうする気です？」

「登ってくる途中、この下の道に横穴を見ておいた。降ったらあそこへ逃げ込もう」

「武蔵さんも、晩や、雨の日は、そんな所に隠れているんでしょうね。……一体、村の

人は、何だって、あんなにまで武蔵さんを目のかたきにするのかしら」

「ただ権力がそうさせるのだな、純朴な民ほど官権を怖がるから、官権を怖るる余り、自分たちの土……兄弟を、郷土から追い出そうとする」

「つまり、自分達だけの身を庇うんでしょう」

「無力の民には、そこは恕すべきところもあるが」

「気が知れないのは、姫路のお武士たちです、たった一人の武蔵さんを、あんなにまで、大騒ぎしなくっても」

「いや、それも治安のためにはやむを得まい。そもそも武蔵が関ケ原から絶えず敵に追われているような気持に駆られていたので、村へ帰るのに、国境の木戸を破って入って来たのがよろしくないことだ。山の木戸を守っていた藩士を打ち殺し、そのため次から次へと、人間を殺めなければ、自分の生命が保てなくなったのは、誰が招いた禍いでもない、武蔵自身の世間知らずから起ったことだ」

「あなたも、武蔵さんを憎みますか」

「憎むとも。わしが領主であっても、断乎として、彼を厳科に処し、四民の見せしめに、八ツ裂きにせずにはおかない。彼に、地を潜る術があれば、草の根を掻きわけても、引ッ捕えて磔刑にかける。多寡の知れた一人の武蔵をなどと、寛大にしておいたら、領下の紀綱がゆるむというものだ。まして、今のような乱世には」

「沢庵さんは、私にはやさしいけれど、案外、肚の中はきついんですね」

「きついとも、わしはその公明正大な厳罰と明賞を行おうとする者だ。その権力をあずかって、ここへ来ている」

「……オヤ！」

お通は、びくりとしたように焚火のそばから立った。

「何か、今、彼方の樹の中で、ガサッと跫音がしやしませんか？」

三

「ナニ、跫音が？……」

と沢庵もつり込まれて耳を澄ましたが、にわかに大声で、

「あははは、猿だ。猿だ。……アレ見い、親子猿が、木の枝を渡ってゆく」

ほっとしたように、お通は、

「……あ。びっくりした」

呟いて、坐り直した。

焚火の焔を見つめて、それから半刻も一刻も——夜の更けゆくままに、二人は、黙り合っていた。

消えかけて来た焚火へ、沢庵は、枯れ木を折って加えながら、

「お通さん、何を考えているのかね」

「わたし？……」

お通は、焔で腫れぼったくなった瞼を星の空へ外らして、

「——私は今、この世の中というものが、何という不思議なものだろうと、それを考えていました。じっと、こうしていると、無数の星が、寂寞とした深夜の中に——いいえいい違いました——深夜も万象を抱いたままです——大きくそろそろと動いているのがわかるではありませんか。どうしても、この世界というものは、動いているものです。それを感じます。同時に、私という小ッぽけな一つのものも、何か、こう……眼に見えないものに支配されて、こうしている間にも、運命が刻々に、変っているんじゃないか……などと止め途ないことを考えておりました」

「嘘だろう。……そんなことも頭にうかんだかも知れぬが、其女には、もっと必死に考えつめていることがあるはずだ」

「…………」

「悪かったら謝るがの、実はお通さん、そなたの所へきた飛脚文を、わしは読んでおる」

「あれを？」

「機舎の中で、折角、拾ってやったのに、手にも触れんで、泣いてばかりおるから、自分の袂に入れておいたのじゃ。……そして尾籠な話じゃが、雪隠の中で、退屈しのぎに、細々と読んでしもうた」

「まあ、ひどい」

「一切の理由が、そこで、分ったよ。……お通さん、あのことは、むしろ其女にとっては倖せじゃないか」

「どうしてです？」

「又八のようなむら気な男じゃもの、女房になってから、あんな去り状を投げつけられたらどうするぞ。まだお互いに、そうならないうちだから、わしは却って、欣びたい」

「女には、そのような考え方はできないのです」

「じゃあ、どう考えているのか」

「口惜しくッて！　……」

不意に、しゅくっと、自分の袖口へ噛みついて、

「……屹度、きっと、わたしは又八さんをさがし出して、思うさまのことをいってやらなければ、この胸がおさまりません。そして、お甲とかいう女にも」

沢庵は、そういって、無念そうに泣きじゃくるお通の横顔を見つめながら、

「始まったのう……」

と、何のことかつぶやいた。

「――お通さんだけは、世間の悪も人間の表裏も知らずに、娘となり、おかみさんとなり、やがては婆さんとなって、無憂華の潔い生涯を結ぶ人かと思ったら、やはり其女にも、そろそろ運命のあらい風が吹いて来たらしい」

「沢庵さん！　……。わ、わたし、どうしましょう！　……口惜しい……口惜しい」

背に波をうって、お通は、いつまでも、袂の中に顔を埋めていた。

四

昼間は、山の横穴へかくれて、眠りたいだけ二人は眠る。

食物も困りはしなかった。

だが——もっと肝腎な武蔵を捕まえることのほうは、どういう量見か、沢庵は捜しにも歩かないし、気にかけている風もない。

三日目の晩が来た。

またきのうのように、おとといのように、焚火のそばにお通は坐って、

「沢庵さん、もう今夜きりですよ約束の日は」

「そうだな」

「どうするつもりですか」

「なにを」

「何をって、あなたは、大変な約束をしてここへ登って来たのじゃありませんか」

「ウム」

「もし今夜のうちに武蔵さんを捕まえなければ」

沢庵は彼女の口を遮って、

「わかっている。まちがえばこの首を、千年杉の梢で縊るだけのことだ。……だが心配

は無用、わしだって、まだ死にとうない」

「ではすこし、捜しに歩いたらどうですか」

「捜しに出たって、会うものか。——この山中で」

「まったく、あなたは、気が知れない人ですね。私までが、こうしていると、何だか、なるようになれと、度胸がすわってしまいます」

「そのことだ、度胸だよ」

「じゃあ沢庵さんは、度胸だけでこんなことをひきうけたんですか」

「まあ、そうだな」

「アア心ぼそい」

何かすこしは自信があるのであろうと、密かに頼りを持っていたお通も、今は、ほんとに心細くなって来たらしい。

——馬鹿かしら？　この人は。

すこし気が狂れている人間は、時には、偉い者のように買いかぶられる場合があるから、沢庵さんも、その例かも知れない。

お通は疑いだした。

しかし、沢庵は、相変らず漠とした顔つきを焚火にいぶして、

「もう夜半だな」

今気がついたように呟く。

「そうですよ、すぐに、夜が白むでしょう」

わざと、お通が、切り口上でいってやると、

「はてな？……」

「何を、考えているのです」

「もう、そろそろ、出て来なくちゃならんが」

「武蔵さんがですか」

「そうさ」

「たれが、自分から捕まえられに来るものですか」

「いや、そうでないぞ。人間の心なんて、実は弱いものだ。決して孤独が本然なものでない。まして周囲のあらゆる人間たちから邪視され、追いまわされ、そして冷たい世間と刃の中に囲まれている者が。……はてな？……この温かい火の色を見て訪ねて来ないわけがないが」

「それは、沢庵さんの独り合点というものではありませんか」

「そうでない」

俄然、自信のある声で首を横に振った。お通はそう反対されたほうが欣しかった。

「――思うに、新免武蔵は、もうついそこらまで来ておるのじゃろう。しかしまだ、わしが、敵か味方か、わからないのだ。不愍や自らの疑心暗鬼に惑うて、言葉もよう懸け得ずに、物蔭に、卑屈な眼をかがやかせているものとみえる。……そうだ、お通さん、

そなたが、帯に差している物——それを、わしにちょっと貸してくれい」

「この横笛ですか」

「ウム、その笛を」

「いやです、こればかりは、誰にも貸せません」

五

「なぜ？」

いつになく、沢庵は執こくいう。

「なぜでも」

お通は、首を振る。

「貸してもよかろう。笛は、吹けば吹くほど、良くこそなるが減りはしまい」

「でも……」

帯に手をあてて、お通は依然、はいといわない。

もっとも、彼女が肌身離さず持っているその笛が、如何に彼女にとって大事な品であるかは、かつてお通自身が、身の上話をした折に聞いてもいるので、沢庵は十分にその気もちを察しはするが、ここで自分へ貸すぐらいな寛度はありそうなものと、

「粗相には扱わないから、とにかく、ちょっとお見せ」

「嫌」

「どうしても」

「え。……どうしても」

「強情だのう」

「え。強情です」

「じゃあ……」

と、ついに、沢庵は折れて、

「お通さんが、自分で吹いてくれてもよい。何か、一曲」

「嫌です」

「それもいやか」

「ええ」

「どういう理で」

「涙がこぼれて吹けませんもの」

「ウム……」

孤児は、頑固なものと、沢庵は憐れにもなったが、その頑固な心の井戸はつねに冷たい空虚をいだき、そして何かに渇いている。また、孤児が持たないものを、常に深く強く望んでいることがふと思われた。

それは、孤児に恵まれていない愛の泉であった。お通の胸にも、お通の知らない幻覚だけの親たちがいて、こうしている間も絶えず、呼びかけたり呼びかけられたりしているらしいが、彼女は、その骨肉の愛も知らない。

笛も、実はその親の遺物なのである。たッた一つの親の姿が笛だった。——彼女がまだ、世の光もよく見えないでいた嬰児の頃、七宝寺の縁がわへ、猫の子みたいに捨て児されてあったとき、帯に、この一管の笛が差してあったのだという。

してみると、その笛は、彼女に取っては、寔に、将来、自分の血液のつながりを捜し求める唯一の手がかりでもあるし、また、こうしてまだ相見ぬうちは、笛こそ親の姿であり、笛こそ親の声でもある。

——吹くと涙がこぼれるから。

お通が、貸すのも嫌、吹くのも嫌といった気持は、よくわかるし、可憐しい。

「…………」

沢庵は、黙ってしまった。

めずらしく三日目の今夜は、薄雲の裡に、ぼやっと、真珠色の月が溶けている。秋に来て春に帰る雁が、こよいも日本を去ってゆくとみえ、雲間に時々啼き声を捨てている。

「……また、火が乏しくなったな。お通さん、そこの枯れ木をくべておくれ。……おや。……どうしたのじゃ」

「…………」

「泣いているのか」

「………」

「つまらぬことを思い出させて、心ないわざをしたの」

「……いいえ。沢庵さん……わたしこそ、強情を張って悪うございました。どうぞ、おつかい下さいまし」

帯の間の笛を抜いて、沢庵の手へ差出した。

それは、色褪せた古金襴の袋に入っている。糸はつづれ、紐も千断れているが、古雅なにおいと共に、中の笛までが、ゆかしく偲ばれる。

「ほ。……よいのか」

「かまいません」

「じゃあ、ついでのことに、お通さんが吹いてはどうじゃな。わしは、聴いていてもよいのだ。……こうして聴いているから」

笛には手を触れないで、沢庵は横向きになった。そして自分の膝を抱えこむ。

六

常ならば、笛など聞かしてあげようといえば、吹かない先から、茶化すに極まっている沢庵が、聴き耳澄まして、じっと眼をつむっているのでお通は、却って、羞恥んでしまって——

「沢庵さんは、笛がお上手なんでしょう」

「下手でもないそうだね」

「じゃあ、あなたから先に吹いてみせて下さい」

「そう、謙遜するほどではないよ。お通さんだって、相当に習ったという話ではないか」

「え。清原流の先生が、お寺に四年も懸人になっていたことがありましたから」

「では大したものだ、獅々とか、吉簡とかいう秘曲もふけるのじゃろ」

「とんでもない――」

「まあ、何でも好きなもの……いや自分の胸に鬱しているものを、その七つの孔から、吹き散じてしまうつもりで吹いてごらん」

「ええ。私もそんな気がするんです、胸のうちの悲しみや恨みやため息や、そんなもの思うさま吹き散らしてしもうたら、さぞ爽々するでしょうと思って」

「それよ、気を散じるということは大切だ。笛の一尺四寸は、そのままが一個の人間であり、宇宙の万象だという。……干、五、上、ク、六、下、口の七ツの孔は、人間の五情の言葉と両性の呼吸ともいえよう。懐竹抄を読んだことがあるだろう」

「覚えておりませんが」

「あの初めに――笛は五声八音の器、四徳二調の和なりとある」

「笛の先生みたいですね」

「わしは、極道坊主のお手本のようなものじゃ。どれ、ついでに、笛を鑑てあげよう」

「鑑てください」

手に取るとすぐ沢庵はいった。

「ウーム、これは名器だ。この笛を捨子に添えてあったといえば、そなたの父も母者人も、およそ人がらがわかる気がする」

「笛の先生も賞めていましたが、そんなにこれはよい品ですか」

「笛にも、姿がある、心格がある。手に触れて、すぐ感じるのだ。むかしは、鳥羽院の蟬折とか、小松殿の高野丸とか、清原助種が名をたかくした蛇逃がしの笛とか、ずいぶんの名器もあったらしいが、近ごろの殺伐な世間で、こんな笛を見たことは、沢庵も初めてと申してもさしつかえない、吹かぬうちから身ぶるいが出る」

「そんなことを仰っしゃると、下手な私にはよけいに吹けなくなってしまう」

「銘があるの。……はて、星明りでは、読めないわえ」

「小さく、吟龍と書いてあります」

「吟龍。……なるほど」

と、笛鞘や袋とともに、彼女の手へかえして、

「さ。……所望」

と、厳粛にいった。沢庵の真剣な容子にお通もひきこまれて——

「では、拙い技でございますが……」

草のうえに坐り直し、作法を正して、笛へ礼儀をする。

もう沢庵は口もきかない、深夜の寂とした天地があるだけで、そこに沢庵という改まった人間はないもののようである、彼の黒いすがたは、この山の一個の岩のようにしか見えていなかった。

「…………」

お通は、唇へ、笛をあてた。

七

白い面をやや横向きにし、お通はおもむろに笛を構えた。歌口に湿りを与えて、まず心の調べから整えているすがたは、いつものお通とも見えなかった。芸の力といおうか威厳があった。

「では……」

と、沢庵へ改まり、

「不束なすさびですが」

「…………」

沢庵は、黙然とうなずく。

呂々と、笛は鳴りはじめた――

彼女の細くて白い指のふしが、一つ一つ、生きている小人のように、七ツの孔を踏んで踊る。

低い——水のせせらぎにも似た音に、沢庵は自分自身が、行く水となって、谷間にせかれ、瀬に游んでいるような思いに引き込まれた。甲の音のあがる時は、魂を宙天へ攫われて、雲と戯れる心地がするし——と思えば、また地の声と天の響きとが和して、颯々と世の無常をかなしむ松風の奏でと変ってゆく。

じっと眼をとじて、聞き惚れているうちに、沢庵は、昔三位博雅卿が、朱雀門の月の夜に、笛をふいて歩いていたところ、楼門の上で同じように笛を合調す者があったので、話しかけて笛を取りかえ、夜もすがら二人して興に乗じて吹き明かしたが後で聞けばそれは鬼の化身であったという、名笛の伝説を思い出さずにいられなかった。

鬼ですら音楽にはうごかされるという。まして、この佳人の横笛に、五情にもろい人間の子が、感動しないでおられようか。

沢庵は信じた。また、泣きたくなった。

涙こそこぼさないが、彼の顔は膝の間へだんだんに埋まっていた。その膝を、われともなく固く抱きしめていた。

焚火の火は、トロトロと、二人のあいだに燃え衰えて来たが、お通の頰は反対に紅くなった。自分のふく音に三昧となって、彼女が笛か、笛が彼女かわからない。

母は何処？　父は何処？　とその音は宙を翔けて、生みの親を呼んでいるかのようであった。また——自分を捨てて他国にいる無情な男に、かくも、裏切られた処女ごころは痛み傷ついていることを、纏綿と恨んでいるようである。

なお、なおさらのこと。

この先――この傷手を持った十七の処女は――親も身寄りもない孤児は――どうして生き、どうして人なみな女の生きがいを、夢みて行かれるだろうか。

その遣るせなさを嫋々と愬えている。芸に陶酔してか？――或は、そうした感情のようやく乱れかけて来たものか、お通の呼吸がやや疲れをあらわし、髪の生えぎわに、薄い汗がにじみ見えて来たかと思う頃、彼女の頬にぼろぼろと涙のすじが白く描かれていた。

長い曲はまだ終らない。嚠々と、淙々と、咽ぶ限りを咽んで、止まるところを知らないもののようである。

すると……

ふと暗くなりかけた焚火明りから二、三間ほど先の草むらで、何か、ごそりと、獣でも言ったような物音がした。

沢庵は、ふと首を擡げて、その黒い物体を、じっと見つめていたが、静かに手をあげて、

「――そこのお人、霧の中では冷たかろうに、遠慮なく、火のそばへ寄って、お聴きなされ」

と、話しかけた。

お通は、怪しんで、笛の手をやめ、

「沢庵さん、何を、独り言をいっているのですか」

「——知らぬのか、お通さん、先刻から、ソレそこに、武蔵が来て、そなたの笛を聴いているじゃないか」

と、指さした。

何気なく、ひょいと振り向いたお通は、途端に、我れにかえって、

「きゃッ——」

と、そこの人影へ向って、手の横笛を投げつけた。

八

きゃッと叫んだお通よりも、却って驚いたらしいのは、そこにうずくまっていた人間であった。草むらから鹿のように起って、ぱっと彼方へ駈け出そうとする。

沢庵は、予期しなかったお通のさけびに、折角静かに網へ掬いかけていた魚を汀から逃がしたように、これも、あっと慌てて、

「——武蔵？」

と、満身の力で呼んだ。

「待たッしゃれ！」

つづいて投げた言葉にも、圧するような力があった。声圧というか、声縛というか、そのまま振りほどいて行かれない力がある。武蔵は、足に釘を打たれたように振り向い

た。

「？　……」

らんらんと光る眼が、じっと、沢庵の影とお通のほうを見ていた。猜疑にみち、殺気にみち、殺気に燃えている眼である。

「…………」

沢庵はそれっきり黙っていた、胸の両の腕を静かに拱む、そして、武蔵が睨んでいる限り彼も相手を見つめているのだ、――息の数まで同じように合せて呼吸しているように。

そのうちに、沢庵の眼のまわりに、何ともいえない親しみぶかい皺が和やかに寄ると、拱んでいた腕を解いて、

「お出でよ」

と、彼から手招きした。

すると武蔵は、途端に眼ばたきをして、異様な表情をその真っ黒な顔にあらわした。

「ここへ来ぬか。――来て、一緒に遊ばぬか」

「？　……」

「酒もあるぞ、食べ物もあるぞ、わしらはおぬしの敵でも仇でもない。火をかこんで、話そうじゃないか」

「…………」

「武蔵。……おぬしはきつい勘違いをしておりはせぬか。火もあり、酒もあり、食べ物もあり、また温かい情けも酌めばある世の中だよ。おぬしは、好んで自身を地獄へ駈り立て、この世を歪んで視ておるのじゃろ。……理窟はよそう。おぬしの身となれば、理窟など耳には入るまい。さあ、この焚火のそばへ来てあたれ。……お通さん、先刻煮た芋の中へ、冷飯をいれて、芋雑炊でもつくろうじゃないか。わしも腹がへったよ」

お通は、鍋をかけ、沢庵は酒の壺を火であたためる。二人のそういう平和な様子を見さだめて、武蔵ははじめて安心を得たらしく、一歩一歩、近づいて来たが、今度は何か肩身のせまいような羞恥みに囚われて佇立んでいるのであった。沢庵は、一つの石ころを火のそばへ転がして来て、

「さあ、おかけ」

と、肩をたたいた。

武蔵は、素直に腰かけた。だがお通は彼の顔を仰ぐことが出来なかった。鎖のない猛獣の前にいるような気持だった。

「ウム、煮えたらしい」

鍋のふたを取って、沢庵は、箸の先へ芋を刺した。むしゃむしゃ自分の口へ入れて、試みながら、

「ホ。やわらかに煮えたわい。どうじゃ、おぬしも食べるか」

「………」

武蔵はうなずいて、初めて、ニッと白い歯を見せた。

九

お通が茶碗へ盛って渡すと、武蔵は、ふうふうと、熱い雑炊をふいて喰べる。箸を持っている手がふるえている、茶碗のふちへ歯がガツガツと鳴る。いかに、飢えていたことか、浅ましいなどは常日頃のことばである。怖ろしいほど真剣な本能の戦慄であった。

「美味いのう」

沢庵は、先へ箸を措いて、

「酒はどうじゃ」

と、すすめる。

「酒は飲みません」

武蔵は答えた。

「きらいか」

というと、武蔵は首を振った。幾十日の山ごもりに、彼の胃は強い刺戟に耐えないらしかった。

「お蔭様で、暖かになりました」

「もうよいのか」

「十分に──」

武蔵は、お通の手へ茶碗を返して──

「お通さん……」

と、改めて呼んだ。

お通は、うつ向いたまま、

「はい」

聞きとれないような声でいう。

「ここへ、何しに来たのか。ゆうべも、この辺に、火が見えたが」

武蔵の質問に、お通はどきっとした。どう答えようかと顫いていると沢庵が傍らから

無造作に、

「実はの、おぬしを召捕りに登って来たのじゃ」

と、いって退けた。

武蔵は、かくべつ驚きもしなかった。黙然と首を垂れて──むしろ不審そうに二人の顔を見くらべるのだった。

沢庵は、ここぞと膝を向けて、

「どうじゃな武蔵、同じ捕まるものならばわしの法縄に縛られぬか、国主の掟も法だし、仏の誡めも法だが、同じ法は法でも、わしの縛る法の縄目のほうがまだまだ人間らしい扱いをするぞよ」

「嫌だ、おれは」

奮然と首を振る武蔵の血相を、宥めて、

「まあ聞くがよい。舎利になっても反抗してやろうという、おぬしの気持はわかる。だが、勝てるか」

「勝てるかとは」

「憎いと思う人間どもに——領主の法規に——また自分自身に、勝ちきれるか」

「敗けだ！　おれは……」

うめくようにいって、武蔵は、悲惨な顔を泣きたそうに顰めた。

「最後になったら、斬り死にするばかりだ。本位田の婆や、姫路の武士どもや、憎い奴らを、斬ッて斬ッて、斬り捲くッて」

「姉は、どうする」

「え？」

「日名倉の山牢にとらわれているおぬしの姉——お吟どのはどうする気かな？」

「…………」

「あの気だてのよい、弟思いなお吟どのを……。いや、そればかりか、播磨の名族赤松家の支流平田将監以来の新免無二斎の家名をおのれは、どうする気か」

武蔵は、爪の伸びた黒い手で、顔をおおって、

「……しっ、知らんっ。……もう、そ、そんなこと、どうなるものか」

痩せ尖った肩を大きくふるわせ、そして潸然と泣いて叫んだ。

すると、沢庵は拳骨をかためて、不意に武蔵の顔を横から力まかせに撲り、

「この、馬鹿者っ！」

と、大喝した。

あっと、気をのまれた武蔵が、よろめくところを、沢庵は乗しかかって、さらに、その顔へもう一つ鉄拳を下しながら、

「不所存者めッ、不孝者め。おのれの父、母、また先祖たちに代って、この沢庵が折檻してやる。もう一つこの拳を食らえ！　痛いか、痛くないか」

「ウーム痛い……」

「痛ければまだすこし人間の脈があるのじゃろう。——お通さん、そこの縄をおよこし。——何を憚っているか？　武蔵はもうわしに縛られると観念しているのだ。それは、権力の縄ではない。わしの縛るのは、慈悲の縄だ。——何を怖れたり不愍がッたりすることがあろうぞ！　早くよこしなさい」

組み敷かれた武蔵は、眼をつむっていた。刎ね返せば、沢庵の体ぐらい、鞠になって跳ぶであろうに、その脚も手も、ぐったり草の上に伸ばしたまま——そして、眼じりからとめどもなく涙をながして。

千年杉

一

朝である、七宝寺の山で、ごんごんと鐘が鳴りぬいた、何日もの刻の鐘ではない、約束の三日目だ。吉報か、凶報かと村の人々は、

「それっ」

とわれ勝ちに、駈けのぼって行った。

「捕まった！　武蔵が、捕まッて来た」

「おウ、ほんまに」

「誰が、手捕にしたのじゃ」

「沢庵様がよ！」

本堂の前は、押し合うばかりな人で囲まれていた。そしてそこの階段の手欄に、猛獣のように縛りつけられている武蔵のすがたをながめ合って、

「ほウ」

と、大江山の鬼でも見たように生唾をのんだ。

沢庵は、にやにや笑いながら、階段に腰かけていた。

「村の衆、これでお前らも安心して耕作ができるじゃろうが」

人々はたちまち沢庵を村の護り神か、英雄かのように見直した。土下座をするものがあった。彼の手を押しいただいて、足元から拝む者もあった。

「ごめん、ごめん」

沢庵は、それらの人々の盲拝に、閉口しきった手を振って、

「村の衆、よう聞け、武蔵が捕まったのは、わしが偉いためじゃない。自然の理だよ。世の掟にそむいて勝てる人間はひとりもありはしない、偉いのは、掟じゃよ」

「ご謙遜なさる、なお偉いわ」

「そんなに押し売りするなら、かりにわしが偉いにしておいてもよいが。――時に、皆の衆に、相談があるがの」

「ほ、なんぞ？」

「ほかではないが、この武蔵の処分だ。わしが三日のうちに捕えて来なかったら、わしが首を縊り、もし捕えて来たら武蔵の身はわしの処分にまかせると、池田侯の御家来と約束した」

「それは聞いておりましただ」

「だが、さて……どうしたものじゃろうな。本人はこの通り、ここへ召捕って来たが、殺したものか、それとも、生かして放してやったものか？」

「滅相な――」

人々は、一致して叫んだ。

「殺してしまうに限る。こんな恐ろしい人間、生かしておいたとて、何になろうぞ、村の祟りになるだけじゃ」

「ふム……」

沢庵が何かを考えているのをもどかしがって、

「ぶち殺せっ」

と、うしろの人達はわめいた。

すると、その図に乗って、ひとりの老婆が、前へ出て、武蔵の顔をにらみつけながら側へ寄って行った、本位田家のお杉隠居であった、手に持っていた桑の枝を振りあげて、

「ただ殺したぐらいで腹が癒えようか。——この憎ていな頬ゲタめ！」

と、二ツ三ツ打ちすえて、

「沢庵どの」

と、今度は彼のほうへ喰ってかかるような眼を向けた。

「なんじゃ、おばば」

「わしの伜、又八はこやつのために生涯を過り、本位田家は大事な跡とりを失うたのじゃ」

「ふム又八か、あの伜は、あまり出来がようないから、かえって、養子をもろうたほう

が、おぬしのためじゃないかの」

「何をいわっしゃる。よかれ悪しかれ、わしの子でござる。武蔵は、この身にとって子の仇、こやつの身の処置は、この婆に、まかせて下されい」

すると――婆のそういう言葉を、誰かうしろの方で遮った者がある。ならん！　という横柄な声だった。人々は、その人物の袂にさわることを怖れるようにさっと開いた、例の山狩の大将、どじょう髯の武士の顔がそこに見えた。

二

おそろしく不機嫌なていでいる。

「こらッ。見世物ではないぞ、百姓や町人どもは、立ち去りおろう」

どじょう髯は、呶鳴った。

沢庵も、横からいった。

「いや、村の衆、去るには及ばんよ、武蔵の処分をどうするか、相談のため、わしが呼んだのだ、いておくれ」

「だまれっ」

どじょう髯は、肩をそびやかし、そういう沢庵をはじめ、お杉隠居と群集を睨めまわして、

「武蔵めは、国法を犯した大罪人、しかも、関ケ原の残党、断じてその方どもの手で処

置することは相成らん。成敗は、お上においてなされる」

「いけないよ」

沢庵は、顔を振って、

「約束がちがう！」

断乎とした色を示した。

どじょう髯は、自分の一身にかかわるところと、躍起になって、

「沢庵どの、貴公には、お上より約束の金子をとらせるであろう。武蔵の身は此方へ申しうける」

聞くと、沢庵はおかしげに、からからと哄笑した。答えもせず、笑ってばかりいた。

どじょう髯は、真っ蒼になって、

「ぶッ、ぶ礼な。何がおかしい」

「どちらが無礼か。これ、お髯どの。おぬしはこの沢庵との約束を反古にする気か。よろしい、反古にしてみい、その代り、沢庵の捕えたこの武蔵は、今すぐ、縄目を解いて、押っ放すぞ」

村の人々は、驚いて、逃げ腰を退いた。

「よいか！」

「…………」

「縄を解いておぬしへケシかけよう。おぬしはここで武蔵と一騎打ちして、勝手に召捕

るがいい」

「あっ、待て待て」

「なんじゃ」

「折角、召捕ったもの、縄目を解いて、また騒動を起すにもおよぶまい。……では、武蔵を斬ることはまかせるが、首は、此方へ渡すであろうな」

「首を？　……冗戯ではない、葬式は坊主のつとめ。おぬしに、死骸をまかせては、寺の商売が立ちゆかぬ」

子供あしらいである。沢庵は、揶揄して、また村の人々へ向き直っていた。

「一同へ、ご意見を求めても、遽かに評議は決まりそうもない。殺すにしても、ばっさり斬ってしまッては、腹が癒えんという婆もいるからの。——そうだ、四、五日のあいだ、武蔵の身は、あの千年杉の梢に上げて、手足を幹に縛りつけ、雨ざらし風ざらし、鴉に眼だまをほじらせてくれたらどうじゃろ？」

「…………」

すこし酷すぎると思ったのであろう、誰も返辞をしなかった。すると、お杉隠居が、

「沢庵どの、よい智慧じゃ、四日五日はおろか、十日でも二十日でも、千年杉の梢へ曝しにかけ、最後にはこの婆がとどめを刺してくれまする」

と、いった。

無造作に、

「じゃあ、そう決めよう」

沢庵は、武蔵の縄じりをつかんだ。

武蔵は、黙然（もくねん）と、うつ向いたまま千年杉の下へ歩むのだった。

村の者たちは、ふと、不愍（ふびん）を感じたが、先頃からの憤怒はまだ消え切れなかった。たちまち、麻縄を足して、彼の体を、二丈も空の梢へ引き揚げ、藁人形（わらにんぎょう）のように縛りつけて降りて来た。

三

山から降りて来た日、寺へもどって、自分の部屋へ入ると、お通（つう）はその日から急に、独りぽっちの身が淋しくてならなくなった。

（なぜかしら？）

独りぽっちは、今始まったことではないし、寺には、ともかく、人もおり火の気もあり明りも燈（とも）っているが、山にいた三日間というものは、寂寞（せきばく）たる闇の中に、沢庵さんとたった二人であった。――だのに何故、寺へ帰って来てからの方が、こんなに淋しい気がするのか？

自分の気もちを、自分に訊いてみようとするものらしく、この十七の処女（おとめ）は、窓の小机に頰づえをついたまま、半日をじっとそうしていた。

（わかった）

うっすらと、お通は、自分の心を観た気がした。淋しいという心は飢えと同じだ。皮膚の外のものではない、そこに、満ち足りないものを感じる時、さびしさが身に迫る。寺には、人の出入りがあるし、火の気も明りもあって賑やかそうだが、そういう形の現象でこの淋しさは癒せるものでない。

山には、無言の樹と霧と闇しかないが、そこにいた一人の沢庵という人は、決して、皮膚の外の人ではなかった。あの人の言葉には、血をくぐって心に触れ、火よりも明りよりも心を賑やかにしてくれるものがある。

（その沢庵さんがいないから！）

お通は、起ちかけた。

しかしその沢庵は、武蔵の処置をしてから姫路藩の家来たちと何か客間で膝詰めの相談事をしていた。里へ降りてはとても忙しくて、自分と山の中でのような話などしていられそうもない。

そう気づくと、彼女はまた、坐り直した。ひしひしと、知己が欲しいと思う。数は求めない、ただ一人でよい、自分を知ってくれるもの、自分の力になってくれるもの、信じられるもの——それが欲しい！　もう気が狂うほど、そういう人がこの身に欲しい！

笛。——ふた親のかたみの笛。——ああそれはここにあるが、処女の十七ともなれば、もう、冷たい一管の竹では防ぎ得ないものが育っている。もっと切実な、現実的な対象でなければ満ち足りない。

「くやしい……」

それにつけても彼女は、本位田又八の冷たい心を恨まずにはいられなかった。塗机は涙でよごれ、独りで怒る血は、こめかみの筋を青くして、ずきずきと、その辺がまた痛んでくる。

うしろの襖が、そっと開いた。

いつの間にか大寺の庫裡には暮色が湧いていた。開けた襖ごしに、厨の火が赤く見える。

「やれやれ、ここに居やったかいの。……一日暇をつぶしてしもうた」

呟きながら入って来たのは、お杉ばばであった。

「これは、おばば様」

あわてて敷物を出すと、お杉は、会釈もなく木魚のように坐って、

「嫁御」

と、いかめしい。

「はい」

竦むように、お通は手をつかえた。

「そなたの覚悟をたしかめた上、ちと話があるのじゃ。今まで、あの沢庵坊主や、姫路の御家来たちと話していたが、ここの納所、茶も出さぬ。喉が渇きました。まず先に、ばばに茶を一ぱい汲んでおくりゃれ」

四

「ほかではないがの……」

お通の出す渋茶を取ると、ばばは改まって、すぐいい出した。

「武蔵めのいうたことゆえ、うかとは信じられぬが、又八は、他国で生きているそうじゃよ」

「左様でございますか」

お通は冷ややかだった。

「いや、たとい、死んでおればとてじゃ、そなたという者は、又八の嫁として、この寺の和尚(おすどの)を親元に、確(しか)と、本位田家にもらいうけた嫁御、この後どんな事情になろうと、それに、二心(ふたごころ)はあるまいの」

「ええ……」

「あるまいの」

「は……い……」

「それでまず、一つは安心しました。ついては、とかく、世間がうるさいし、わしも、又八がまだ当分もどらぬとすれば、身のまわりも不自由、分家の嫁ばかり、そうそうこき使うてもおられぬゆえ、この折に、そなたは寺を出て、本位田家のほうへ身を移してもらいたいが」

「あの……私が……」

「ほかに誰が、本位田家へ嫁として来るものがあろうぞいの」

「でも……」

「わしと暮すのは嫌とでもおいいか」

「そ……そんな理(わけ)ではございませぬが」

「荷物を纏(まと)めて置きやい」

「あの……又八さんが、帰ってからでは」

「なりません」

と、お杉は極めつけて、

「せがれが戻るまでの間に、そなたの身に虫がついてはならぬ。嫁の素行を見まもるのは、わしの役目、この婆の側にいて、伜(せがれ)がもどるまでに、畑仕事、飼蚕(かいこ)のしよう、お針、行儀作法、何かと教えましょう。よいか」

「は……はい……」

仕方なくいう自分の声が、情けなくて泣くように自分には聞えた。

「次に」

と、お杉は命じるように、

「武蔵のことじゃが、あの沢庵坊主の肚は、ばばには、どうも解(げ)せぬ。そなたは、幸いに此寺(ここ)にいる身でもあることゆえ、武蔵めの生命(いのち)が終るまで、怠らずに、ここで見張っていやい――真夜半など、気をつけておらぬと、あの沢庵が、何を気ままにしてのけぬものでもない」

「では……私が此寺を出るのは、今すぐでなくともよいのでございますか」

「いちどに、両方はできますまい。そなたが、荷物と一緒に本位田家へ移って来る日は、武蔵の首が胴を離れた日じゃよ。わかりましたか」

「畏まりました」

「きっと吩咐けましたぞよ」

念を押して、お杉は去った。

すると――その機会を待っていたように、窓の外に人影が映し、

「お通、お通」

と小声で誰か招く。

ふと、顔を出してみると、どじょう髯の大将がそこに佇んでいる。いきなり窓ごしに彼女の手を強く握って、

「そちにも、いろいろ世話になったが、藩からお召状が来て、急に姫路へもどらねばならぬことになった」

「ま、それは……」

手をすくめたが、どじょう髯はなお固く握って、

「御用は、今度の事件が聞えて、それについてのお取紏しらしい。武蔵の首級さえ取れ

ば、わしの面目は立派に立ち、言い開きもつくのじゃが、沢庵坊主め、何といっても意地を曲げて渡しおらぬ。……だが、そなただけは、こっちの味方じゃろうな。……この手紙、後でよい、人のおらぬ所で、読んでくれい」

何か、手へ摑ませると、どじょう髯の影は、あたふたと、麓のほうへ急ぎ足にかくれた。

五

手紙だけではない、何か、重い物がそれにはつつんである。

どじょう髯の野心は彼女にもよく分っていた。不気味であったが、怖々、開けてみると、眩ゆい山吹色の慶長大判が一枚。

そして、手紙には、

言葉のうえにても申し候通り、この数日以内に、武蔵が首級を打って密かに、姫路の城下まで、急ぎお越し候らえ。

さなくとも此方の意中は、すでにお許も御ぞん知に候うべし、身不肖なれど、池田侯の家中にて、青木丹左衛門と申せば千石取りの武士にて、知らぬは無之候。お許を、宿の妻にせんと真実もって存ずるなり、千石どりの奥方ともなれば、栄華も意のままに候ぞかし。八幡、偽りはあらじ、この文を、誓紙がわりに持ち候らえ。又、武蔵が首級、良人のためぞと、それも必ずお携え給わるべく候。

先は、急ぎのまま、あらまし。　　　丹左

「お通さん、御飯を食べたかね」

外で沢庵の声がしたので、お通は、草履をはいて出て行きながら、

「こん夜は食べたくないんです。すこし頭が痛くて――」

「何じゃ！　持っておるのは」

「てがみ」

「誰の」

「見ますか」

「さしつかえないならば」

「ちッとも」

お通が渡すと、沢庵は一読して、大きく笑った。

「苦しまぎれに、お通さんを色と慾とで買収と出おったな。あのお髯どのの名が青木丹左衛門とはこの手紙で初めて知った。世の中には、奇特なさむらいもある。いや、おめでたいことだ」

「それはいいですけど、お金がつつんであったのです。どうしましょう、これを？」

「ホ、大金だのう」

「困ってしまう……」

「何の、金の始末なら」

沢庵は取って、本堂の前へ歩いて行った。そして、賽銭箱(さいせんばこ)の中へ抛(ほう)り込もうとしかけたが、その金を額(ひたい)に当てて拝んだ後、

「いや、そなたが持っておるさ。邪魔にもなるまい」

「でも、後で何か、いいがかりをつけられると嫌ですから」

「もうこの金は、お髯どのの金ではない、如来様(にょらいさま)へ賽銭(さいせん)にさしあげて、如来様から改めていただいたお金じゃよ。お守りのかわりに持っておいで」

お通の帯のあいだへそれを差し入れて、

「……あ。風だな、今夜は」

と、空を仰ぐ。

「しばらく降りませんでしたから……」

「春も終りだから、散った花屑(はなくず)やら人間の惰気(だき)を、ひと雨ドッと、洗いながすもよかろう」

「そんな大雨が来たら、武蔵さんは一体どうなるでしょう」

「うム、あの人か……」

二つの顔が一しょに、千年杉のほうを振り向いた時である。風の中の喬木の上から、

「沢庵っ、沢庵っ！」

人間の声がした。

「坊主っ、何をいうか！」

「縛をうけたのは、わしが強くて、おまえが弱いからだ」

「死を怖れるほどならば、なんで神妙に貴さまの縛（ばく）をうけるかっ」

元気というよりは怒気（どき）であった。

武蔵の再びいう声だ。

「だまれっ」

程よい所に足をとめて、仰向くと、

「元気はよいらしいが、近づく死の恐れに、逆上しての、気ちがい元気ではあるまいな」

沢庵は、声のする大樹の下へ、草履を運んで行きながら、

「ははは。武蔵、なかなか元気でおるな」

六

も、さんさんと杉の葉が落ちて来た。

梢（こずえ）を烈しく吹きなぐる風に、声は裂けて異様にひびく。そして大地へも沢庵の顔へ
「くそ坊主っ、似非（えせ）坊主の沢庵。一言いうことがある。この下へ参れっ――」

眸をこらしていると、

「や？　武蔵か」

「大きく出たな。今のいい方がわるければ、わしが悧巧で、おまえが阿呆——といい直そうか」

「うぬ、いわしておけば」

「これこれ、樹の上のお猿さん、もがいた所でこの大木へ、がんじ絡みになっているおまえが、どうもなるまい、見ぐるしいぞ」

「聞けッ、沢庵」

「おお、なんじゃ」

「あのとき、この武蔵が争う気ならば、貴様のようなへボ胡瓜、踏み殺すのに造作はなかったのだぞ」

「だめだよ、もう間に合わん」

「そ！　……それを！　……自分から手をまわしたのは、貴様の高僧めかしたことばに巧々と騙られたのだ。たとい縄目にはかけても、このような生き恥をかかせはしまいと信じたからだ」

「それから——」

と沢庵は嘯いた。

「だのに、なぜ！　なんで！　……この武蔵の首を早く打たないかっ……同じ死所を選ぶなら、村の奴らや、敵の手にかかるより、僧でもあるし、武士の情けもわきまえていそうな貴様に——と思って体を授けたのがおのれの誤りだった」

「誤りは、それだけか。おまえのしてきたことは誤りだらけだと思わないか。そうしている間に、すこし過去を考えろ」

「やかましい。おれは、天に恥じない。又八のおばばは、おれを仇の何のと罵ったが、おれは、又八の消息をあのおふくろへ告げることが、自分の責任だ、友達の信義だ、そう思ったからこそ、山木戸をむりに越え、村へ帰って来たのだ。――それが武士の道にそむいているか」

「そんな枝葉の問題じゃない、大体、おまえの肚――性根――根本の考えかたが間違っているから、一つ二つさむらいらしい真似をしても、何もならんのみか、却って正義だなどと、力めば力むほど、身をやぶり、人に迷惑をかけ、その通り自縄自縛というものに落ちるのだよ。……どうだ武蔵、見晴らしがよかろう」

「坊主、覚えておれ」

「乾物になるまで、そこから少し十方世界のひろさを見ろ、人間界を高処からながめて考え直せ。あの世へ行ってご先祖さまにお目にかかり、死に際に、沢庵という男がこう申しましたと告げてみい。ご先祖さまは、よい引導をうけて来たと欣ぶに違いない」

――それまで、化石したように、うしろの方に立ち竦んでいたお通は、ふいに、走りよって、甲だかく叫んだ。

「あんまりです！　沢庵さん！　いくら何でも、先刻から聞いていれば、抵抗のできない者へ酷すぎます。……あ、あなたは僧侶じゃありませんか。しかも武蔵さんのいう通り、武蔵さんはあなたを信じて、争わずに、縛めをうけたのではありませんか」

「これはしたり、同士打ちか」

「無慈悲ですっ。……わたしは、今のようなことをあなたがいうと、あなたが嫌になってしまいます。殺すものなら、武蔵さんも覚悟のこと、いさぎよく殺してあげてはどうですか」

お通は、血相を変えて、喰ってかかった。

七

激しやすい処女の感情は、青じろい権まくを顔にもって、涙まじりに、あいての胸へしがみついて行った。

「うるさい」

沢庵は、いつになく怖い顔して、

「女などが知ったことか。黙っておれっ」

と、叱った。

「いいえ！　いいえ！」

つよく顔を振りながら、お通も、いつものお通でなかった。

「わたしにも、このことについては、口を出す権利があります。いたどりの牧へ行って、私も、三日三晩、努めたのですから」

「いかん！　武蔵の処分は、誰がなんといおうと、この沢庵がする」

「ですから、斬るものなら、斬ったがよいではありませんか。何も、半殺しにして、他人の酷い目を、たのしむような非道をしなくても」

「これが、わしの病だ」

「ええ、情けない」

「退いていなさい」

「退きません」

「また、強情が始まったな。この女め！」

力づよく振り放すと、お通は、杉の根へよろめいて行って、わっと、そのまま樹の幹へ、顔も胸も押しあてて泣き出した。

沢庵までが、こんな残酷な人とは、彼女は思っていなかった。村の者のてまえ一応は樹へ縛っても、最後には何か情けのある処置を執るのだろうと思っていたのに、実はこういう残虐なことを楽しむのが病だとこの人はいうのだ。お通は、人間というものに、戦慄せずにいられない。

信じぬいていた沢庵までが、嫌な人になることは、世の中のすべてが嫌になるのも同じだった。あらゆる人が信じられないとしたら……彼女は滅失の底に泣き沈んだ。

だが――

彼女は、ふと、泣き顔を、押しあてている樹の幹に、あやしい情熱を覚えた。この千年杉のうえに縛られている人——凛烈な声を天から投げてくる人——その武蔵の血が、この十人の腕でも抱えきれないような太い幹へ通っているような心地がする——武士の子らしい！　潔い！　そして、何という信義のつよい人。沢庵さんに縛られたあの時の様子や先刻からの言葉を聞けば、この人は、涙もろい、気のよわい、情けの半面すら持っている。

今までは、衆評にまき込まれて、自分も武蔵という人を考え違いしていた。——どこにこの人を、悪鬼のように憎むところがあろう、猛獣のように怖がったり狩立てなければならない性質があるだろうか。

「…………」

背にも肩にも嗚咽の波を打ちながら、お通はひしと千年杉の幹を抱きしめるような気持でいた。頬の涙を、樹の皮膚へこすりつけた。天狗がゆするように、天の梢が鳴りだした。

ポッ！　と大きな雨つぶが、彼女の襟もとへも、沢庵の頭へもこぼれて来たのである。

「お！　降って来たわ」

頭へ、手をやりながら、

「おい、お通さん」

「…………」

「泣き虫のお通さん、そなたが泣くので、天(そら)までベソを掻(か)いて来たじゃないか。風があるし、これや大降りになろう、濡れぬうちに、退散退散。死んでゆく奴にかまっていないで、はやくお出で」

すぽりと法衣(ころも)を頭からかぶると、沢庵は、逃げるように本堂の内へ駈け込んでしまう。

雨は、やにわに降りそそいで来て、闇のすそが、真っ白にぼかされた。

ぽたぽたと背に落ちるしずくの打つにまかせて、お通はいつまでも動かなかった。

――梢(こずえ)の上の武蔵はいうまでもない。

八

お通は、どうしても、そこを去る気もちになれなかった。

雨やしずくが、背をとおして、肌着にまで浸(し)みて来たが、武蔵のことを思えば何でもない気がする。だが、何で、武蔵の苦しみとともに自分も苦しみたいのか――それは考えている余裕もない。

ただ遽(にわ)かに、彼女には見事な男性の象(かたち)がそこに見えていたのである。こんな人こそ、真の男性ではないかと思うと共に、殺したくないと念ずる思いが真剣にこみあげてくるのであった。

「かあいそうな！」

彼女は、樹をめぐって、おろおろしだした。仰いでも、その人の影すら見えない雨と風であった。

「――武蔵さあん！」

思わずさけんだが、返辞はない。あの人もまたこの私を、本位田家の一人のように、村の人々と同じように、冷酷な人間と視ているにちがいない。

「こんな雨に打たれていたら、一晩で死んでしまう。……ああ、誰か、これほど人間の多い世間なのに、一人の武蔵さんを、助けてやろうとする人はないのか」

お通は、突然、雨の中をまっしぐらに駈けだした。風は彼女を追いかけるように吹いた。

寺の裏は、庫裡も方丈も、すべて閉まっていた。樋をあふれる水が、滝のように地を穿っていた。

「沢庵さん、沢庵さん」

そこの戸は、沢庵にあてがわれている一室だった。お通が、外から烈しく叩くと、

「誰だい？」

「わたしです、お通です」

「あっ、まだ外にいたのか」

すぐ戸を開けて、水煙の廂の下をながめ、

「ひどい！　ひどい！　雨がふき込む、早くお入り」

「いいえ、お願いがあって来たのです。後生ですから、沢庵さん、あの人を、樹から下ろしてあげて下さい」

「誰を」

「武蔵さんを」

「とんでもないこと」

「恩に着ます」

お通は、雨の中に膝まずいて沢庵のすがたへ、掌をあわせた。

「この通りです……私をどうしてもかまいませんから……あの人を、あの人を」

雨の音は、お通の泣き声を打ちたたいたが、お通は、滝つぼの中にある行者のように、合わせた掌をかたくして、

「おがみます、沢庵さん、おすがりいたします、私にできる事ならどんな事でもしますから……あ、あのお方を、た、たすけて」

泣いてさけぶ彼女の口の中まで雨はふき荒んでいる。

沢庵は、石みたいに黙っていた。本尊仏を秘めた厨子の扉のように瞼をふかくふさいでいるのである。大きな息をついて、やがてその瞼をくわっと開けると、

「はやく寝なさい。丈夫な体でもないのに、雨水は毒じゃということを知らんのか」

「もしっ……」

お通が、戸へすがると、

「わしは寝る。そなたも寝や」

雨戸はかたく閉められてしまった。

だがお通は、諦めなかった。屈しなかった。

床下へ入って行って、沢庵の寝床の敷かれたあたりへ、

「おねがいです！　一生のおねがいです！　……もしッ、聞えませんか、ええ沢庵さんの人非人……鬼ッ……あなたには血がかよっていないのですか」

根気よく黙りこくっていたが、とても寝つかれないとみえて、沢庵はとうとう癇癪を起したように飛び起きて呶鳴った。

「おーいッ、寺の衆っ、わしが部屋の床下に、泥棒が忍んでおるで、捕まえてくれんか」

樹石問答

一

春も、ゆうべの雨や風で、残りなく洗われてしまった。今朝は、陽の光もおそろしく強く額を射る。

「沢庵どの、武蔵はまだ生きておりますかいの」

お杉隠居は、夜が明けると、待ち遠しい楽しみでも見物に来たように寺を覗いてそういった。

「おう、おばばか」

沢庵は、縁へ出て来て、

「ゆうべの雨はひどかったのう」

「よい気味な嵐でおざった」

「だが、いくら豪雨に叩かれたとて、一夜や二夜で、人間は死ぬまいて」

「あれでも生きているのじゃろうか？……」

とお杉婆は、皺の中の針のような眼を眩しげに、千年杉の梢に向けて、

「雑巾のように貼りついたまま、身うごきもしていぬが」

「鴉が、あの顔へたからぬところを見れば、武蔵は、まだ生きているに違いなかろうで」

「大きに――」

お杉はうなずきながら、奥を覗いて、

「嫁が見えぬが、呼んでおくれぬか」

「嫁とは」

「うちのお通じゃ」

「あれはまだ本位田家の嫁ではあるまいが」

「近いうち、嫁にする」

「聟のいない家へ、嫁をむかえて誰が添うのか」

「おぬし、風来坊のくせに、よけいな心配はせぬものよ。お通は、どこにいますかいの」

「たぶん、寝ておるじゃろう」

「アアそうか……」

独り合点して——

「夜は、武蔵の見張をしておれとわしが吩咐けたゆえ昼間は眠たいも道理……。沢庵どの、昼間の見張は、おぬしの役じゃぞ」

お杉は、千年杉の下へ行って、しばらく仰向いていたが、やがてこつこつと桑の杖をついて里へ降りて行った。

沢庵は、部屋へ入ると、晩まで顔を見せなかった。里の子が上がって来て、千年杉の梢へ石を投げた時、障子をあけて、

「洟たれッ！　何をするかっ」

と一度、大声で叱ったきり、その障子は、終日閉まっていた。

同じ棟の幾間かを隔てて、お通の部屋があったが、そこの障子も今日は閉まったきりであった。納所の僧が、煎じ薬を持って入ったり粥の土鍋を運んで行ったりしていた。

ゆうべあの大雨の中を、お通は寺の者に見つかって無理やりに屋内へ引上げられ、住

職からは、さんざん叱言をいわれたりした。そのあげく風邪ぎみの熱を発してきょうは寝たきり頭があがらないでいるということだった。

こよいは、ゆうべの空とは打って変って、月が明るかった。寺の者が寝しずまると、沢庵は、書物に倦いたように、草履を穿いて、外へ出て行った。

「武蔵――」

そう呼ぶと、杉の梢が、高い所ですこし揺れた。

バラバラと露の光が落ちてくる。

「――不憫や、返辞をする元気も失せたのか、武蔵っ、武蔵っ」

すると、すさまじい力で、

「なんだッ！　くそ坊主！」

少しも衰えのない武蔵の呶号だった。

「ホ……」

と、見上げ直して、

「声は出るな。そのあんばいではまだ五、六日は持つだろう。時に……腹ぐあいはどうだ」

「雑言は無用、坊主、はやく俺の首を刎ねろ」

「いやいや、うかつに首は斬られない。貴さまのような我武者は、首だけになっても、飛びついて来るおそれがあるからな。……まあ、月でも見ようか」

沢庵は、そこの石へ、腰をおろした。

二

「うぬっ、どうするか、見ていろっ――」

武蔵は、満身の力で、自分の身を縛めている老杉の梢をゆさゆさうごかしていう。

バラバラと、杉の皮や、杉の葉が、沢庵の頭へこぼれて来る。その襟元を払いながら沢庵は仰向いて――

「そうだ、そうだ。それくらい怒ってみなければ、ほんとの生命力も、人間の味も、出ては来ぬ。近頃の人間は、怒らぬことをもって知識人であるとしたり、人格の奥行きと見せかけたりしているが、そんな老成ぶった振舞を、若い奴らが真似るに至っては言語道断じゃ、若い者は、怒らにゃいかん。もッと怒れ、もッと怒れ」

「オオ！　今に、この縄を摺り切って、大地へ落ちて貴様を蹴殺してやるから、待っておれ」

「頼もしい。それまで待っていてやろう。――しかし、つづくか。縄の切れないうちに、おぬしの生命が断れてしまいはせぬか」

「何をっ」

「おう、えらい力、木がうごく。しかし、大地はびくともせぬじゃないか。そもそも、おぬしの怒りは、私憤だから弱い。男児の怒りは、公憤でなければいかん。われのみの小さな感情で怒るのは、女性の怒りというものだ」

「何とでも、存分に吐ざいておれ。——今にみよ」

「駄目さ。——もうよせ武蔵、疲れるだけじゃぞ。——いくらもがいたところで、天地はおろか、この喬木の枝一つ裂くことはなるまい」

「うーむ……残念だ」

「それだけの力を、国家のためとまではいわん、せめて、他人のためにそそいでみい、天地はおろか、神もうごく。——いわんや人をや」

沢庵はこの辺から、やや説教口調になって、

「惜しむべし、惜しむべし。おぬし、折角人と生れながら、猪、狼にひとしい野性のまま、一歩も、人間らしゅう至らぬ間に、紅顔、可惜ここに終ろうとする」

「やかましいッ」

唾を吐いたが、唾は、高い梢から地上へ来るまでの途中で霧になってしまう。

「聞けよ！　武蔵。——おぬしは、自分の腕力に思い上がっていたろうが。世の中に、俺ほど強い人間はないと慢じていたろうが。……それがどうじゃ、その態は」

「おれは恥じない。腕で貴さまに負けたのではない」

「策で負けようが、口先で負けようが、要するに、負けは負けだ。その証拠には、いかに口惜しがっても、わしは勝者となって石の床几に腰かけ、おぬしは敗者のみじめな姿を、樹の上に曝されているではないか。——これは一体、何の差か、わかるか」

「………」

「腕ずくでは、なるほど、おぬしが強いに極まっている。虎と人間では、角力にならん。だが、虎はやはり、人間以下のものでしかないのだぞ」

「………」

「たとえば、おぬしの勇気もそうだ、今日までの振舞は、無智から来ている生命知らずの蛮勇だ、人間の勇気ではない、武士の強さとはそんなものじゃないのだ。怖いものの怖さをよく知っているのが人間の勇気であり、生命は、惜しみいたわって珠とも抱き、そして、真の死所を得ることが、真の人間というものじゃ。……惜しいと、わしがいうたのはそこのことだ。おぬしには生れながらの腕力と剛気はあるが、学問がない、武道の悪いところだけを学んで、智徳を磨こうとしなかった。文武二道というが、二道とは、ふた道と読むのではない。ふたつを備えて、一つ道だよ。――わかるか、武蔵」

三

石もいわず、樹も語らず、闇は寂としたままの闇であった。そしてややしばらくの沈黙がつづいていた。

――と。やがてやおら沢庵は石の上から腰をあげて、

「武蔵、もう一晩、考えてみなさい。そのうえで、首を刎ねてやろう」

と、立ち去りかけた。

十歩――いや二十歩ほど、彼が背を見せて、本堂のほうへもう歩み出していた時である。

「あ。しばらく！」

武蔵が空からいった。

「――なんじゃ？」

遠くから沢庵が振向いて答える。

「もいちど、樹の下へもどってくれ」

「ふム。……こうか」

すると樹上の影は突然、

「沢庵坊――助けてくれッ」

と、大声で喚いた。

にわかに泣いてでもいるように、天の梢はふるえていう。

「――俺は、今から生れ直したい。……人間と生れたのは大きな使命をもって出て来たのだということがわかった。……そ、その生甲斐がわかったと思ったら、途端に、俺は、この樹の上にしばられている生命じゃないか。……アア！ 取り返しのつかないことをした」

「よく気がついた。それでおぬしの生命は、初めて人間なみになったといえる」

「――ああ死にたくない。もう一ぺん生きてみたい。生きて、出直してみたいんだ。

……沢庵坊、後生だ、助けてくれ」

「いかん！」

断乎として、沢庵は首を振った。

「何事も、やり直しの出来ないのが人生だ。世の中のこと、すべて、真剣勝負だ。相手に斬られてから、首をつぎ直して起ち上がろうというのと同じだ。不愍だが沢庵はその縄を解いてやれん。せめて、死に顔のみぐるしくないように、念仏でも唱えて、静かに、生死の境を噛みしめておくがよい」

――それなり草履の音はピタピタと彼方へ消えてしまった。武蔵も、それきり喚かなかった。彼にいわれたとおり、大悟の眼をふさいで、もう生きる気も捨て、死ぬ気もすて、颯々と夜を吹くかぜと小糠星の中に、骨の髄まで、冷たくなってしまったもののようであった。

……すると、誰か？

樹の下へ立って、梢を仰いでいる人影があった。やがて千年杉に抱きついて、一生懸命に、低い枝の辺までよじ登ろうとするのであったが、樹のぼりに妙を得ない人とみえ、少し登りかけると、木の皮と一緒に辷り落ちてしまう。

それでも――木の皮より手の皮がすり剝けてしまいそうになっても――倦まず屈せず、一心不乱に繰返してかじりついているうちに、やっと、下枝に手が懸り、次の枝に手をのばし、それから先は、難なく、高い所まで登ってしまった。

そして、息を喘(き)りながら——

「……武蔵さん……武蔵さん……」

武蔵は、眼だけまだ生きている髑髏(どくろ)のような顔を向けて、

「……オ？」

「わたしです」

「……お通さん？　……」

「逃げましょう。……あなたは、生命(いのち)が惜しいと先刻(さっき)いいましたね」

「逃げる？」

「え……。わたしも、もうこの村にはいられないんです。……いれば……ああ堪えられない。……武蔵さん、わたしは、あなたを救いますよ。あなたは、私の救いを受けてくれますか」

「おうっ、切ってくれ！　切ってくれ！　この縄目を」

「お待ちなさい」

お通は、小さな旅包みを片襷(かただすき)に負い、髪から足ごしらえまで、すっかり旅出(たびで)の身仕度をしているのである。

短刀を抜いて、武蔵の縄目を、ぶつりと断(き)った。武蔵は、手も脚も知覚がなくなっていたのである。お通が抱き支えはしたが、却って、彼女も共に足を踏み外し、大地へ向って、二つの体は勢いよく落ちて行った。

四

武蔵は立っていた。二丈もある樹のうえから落ちたのに、茫然と、大地に立っている。

ウーム……と呻く声が彼の足もとに聞えた。ふと眼を落して見ると、一緒に落ちたお通が、手脚を突ッぱって地にもがいているのである。

「おっ」

抱き起して――

「お通さん、お通さん！」

「……痛い……痛い」

「どこを打った？」

「どこを打ったか分りません。……だけど、歩けます、大丈夫です」

「途中の枝で、何度もぶつかっているから、大した怪我はしていないはずだ」

「私より、あなたは」

「俺は……」

武蔵は、考えてから、

「――俺は生きている！」

「生きていますとも」

「それだけしか分らないんだ」

「逃げましょう！　一刻も早く。……もし人に見つかったら、私もあなたも、今度こそは、生命がありません」

お通は、跛行をひきながら歩き出した。武蔵も歩いた。――黙々と、遅々と、秋の霜を、片輪の虫が歩むように。

「ご覧なさい、播磨灘の方が、ほんのり夜が白みかけました」

「ここは何処」

「中山峠。……もう頂上です」

「そんなに歩いて来たかなあ」

「一心は怖いものですね。そうそう、あなたは、まる二日二晩、何も食べていないでしょう」

そういわれて、武蔵は初めて飢渇を思い出した。

背に負っている包みを解いて、お通は、米の粉を練った餅を出した。甘い餡が舌から喉へ落ちてゆくと、武蔵は、生のよろこびに、餅を持っている指が顫えて、

(俺は生きたぞ)

と、つよく思い、同時に、

(これから生れ変るのだ！)

と、信念した。

紅い朝雲が、二人の顔を焼いた。お通の顔が鮮やかに見えてくると、武蔵は、ここに彼女と二人でいることが夢のようで、どうしても不思議な気がしてならない——

「さ、昼間になったら、油断は出来ませんよ。それに、すぐ国境にかかりますから」

国境と聞くと武蔵の眼は、急に、爛として、

「そうだ、おれはこれから日名倉の木戸へ行く」

「え？　……日名倉へですって」

「あそこの山牢には、姉上が捕まっている。姉上を助け出して行くから、お通さんとは、ここで別れよう」

「………………」

お通は、うらめしげに、武蔵の顔を黙って見ていたが、やがて、

「あなたは、そんな気なんですか。ここでもう別れてしまうくらいなら、私は、宮本村を出ては参りません」

「だって、為方がない」

「武蔵さん」

お通は、詰め寄るような眼ざしをもって、彼の手へ、自分の手を触れかけたが、顔も体も、熱くなって、ただ情熱にふるえるだけだった。

「わたしの気持、今に、ゆっくり話しますけれど、ここでお別れするのは嫌です。どこへでも、連れて行って下さい」

「……でも」

「後生です」

とお通は手をついて、

「——あなたが嫌だといっても、私は離れません。もし、お吟さまを救い出すのに、私がいて足手まといなら、私は、姫路の御城下まで先に行って待っていますから」

「じゃあ……」

と武蔵はもう起ちかけた。

「きっとですね」

「あ」

「城下端れの花田橋で待っていますよ。来ないうちは、百日でも千日でも立っていますからね」

ただ頷き（うなず）を見せて、武蔵はもう峠づたいに山の背を駈けていた。

三日月茶屋

一

「おばば。——おばばッ」

孫の丙太だった。

跣足で、そとから素ッ飛んで帰って来ると、青い鼻汁を横にこすって、

「たいへんだがな、おばば、知らんのけ。何してるんや」

と、台所をのぞいて喚いた。

竈のまえに、火吹竹を持って火を吹いていたお杉隠居は、

「なんじゃ、仰山な」

「村の者が、あんなに騒いでいるに、おばば、飯など炊いているんか。——武蔵めが、逃げたのを、知らんのやろ」

「えっ。——逃げた？」

「今朝ンなったら、武蔵めが、千年杉のうえに見えんのや」

「ほんまか」

「お寺ではお寺で、お通姉も見えんいうてでかい騒ぎだぞい」

丙太は、自分の知らせが、予想以上に、おばばの血相を物凄く変らせたので、びっくりしたように、指を噛んでいた。

「丙太よ」

「あい」

「汝れ、突ッ走って、分家の兄んちゃまを呼んで来う。河原の権叔父にも、すぐ来てくれというて来るのじゃ」

お杉隠居の声はふるえていた。

だが――丙太が、門を出ないうちに、本位田家の表には、がやがやと人が集まっていた。その中には、分家の聟も、河原の権叔父も交じっていたし、また、ほかの縁類や小作人なども いて、

「お通阿女が逃がしたのやろ」

「沢庵坊主も、姿が見えぬ」

「ふたりの仕業じゃ」

「どうしてくれよう」

すでに、分家の聟や、権叔父などは、祖先伝来の槍をかかえて、本家の門に、悲壮な眼を集めているのだった。

そして――

「おばば、聞いたか――」

と、奥へいう。

お杉隠居は、さすがに、この大事が事実と分ると、こみあげる怒気を抑えて、仏間に坐っていたが、

「――今参るまで、静かにしていやい」

と、そこからいって、何か黙禱して後悠々と、刀簞笥をあけたり、衣裳や足ごしらえをして皆の前へ出て来た。

短い脇差を帯にさし、草履の緒を足にしばっているので、人々はこのきかない気の老婆がもう何を決意しているか、よく分った。

「――騒ぐことはない、婆が、追手となって不埒な嫁を、成敗して来ますわいの」

のこのこ、歩き出すので、

「おばばまで、行くからには」

と、親類も小作も、いきり立って、この悲壮な老婆を大将とし、途々、棒、竹槍などをひろって、中山峠へ追って行った。

しかし、すでに遅い。

この人たちが、峠の頂へかかったのは、もう午に近かった。

「逸したか」

と一同は、地だんだを踏んで無念がった。

それのみでなく、ここは国境なので、役人が来て、

「徒党を組んで通行は罷りならぬ」

と、往来を阻めた。

それに対しては、権叔父が応対に出て、事情を話し、

「これを捨てておいたでは、われら遠き先祖以来の面目にかかわり、村の者よりは笑いぐさとなり、本位田家は、御領下にもいたたまれぬことに相成りますので。――何とぞ、武蔵、お通、沢庵の三名を討ちとるところまで、通行おゆるし願いたい」

と、こっちでは、頑張った。

理由は酌めるが、しかし法令がゆるさぬ、と役人側では断じていう。もっとも、姫路城まで伺いを出して許可のうえなら格別だが、それでは先に通った者は、遠く藩地の外へ出てしまっているから、それでは無駄な沙汰というほかはない。

「では――」

と、お杉隠居は、親類一同と、合議のうえで折れて出た。

「このばばと、権叔父の二人なら通るも帰るも、さしつかえはおざるまいの」

「五名までなら、勝手じゃ」

役人は、いった。

お杉隠居は、うなずいて、意気まく他の人々へ、悲壮な別れを告げようとするらしく、

「皆の者」

と、草叢へ呼びあつめた。

二

「こういう手違いも、家を出る時から、あらかじめ、覚悟のうちにあったことよ。何も、あわてるには及ばぬわいの」

お杉隠居のそういう薄い唇と、歯ぐきの出ている大きな前歯を、一族の者は、厳粛

に、立ち並んで見まもっていた。

「この婆はの、もう、家伝来の一腰刀を帯びて出る前に、ちゃんとご先祖様のお位牌へ、おわかれを告げ、二つのお誓いをして参った――それは、家名に泥を塗った不埒な嫁を成敗すること。も一つは、せがれ又八の生死をたしかめ、いきてこの世にいるものなら、首に縄をつけても連れ帰って、本位田家の家名をつがせ、他から、お通に何倍も勝るとて劣らぬほどなよい嫁をむかえ、村の者へも晴れがましゅう、きょうの名折れを雪がにゃならぬ」

「……さすがは」

と、大勢の縁者のうちで、誰か、唸くように洩らした。

お杉は、分家の聟の顔へ、じろりと、眼をやって、

「ついては、わしと、河原の権叔父とは、どっちゃも、まあ隠居身分。ふたつの大望を果すまで、一年かかるか三年かかるか、巡礼いたすつもりで、他国を巡って参ろうと思う。留守中には、分家の聟を家長と立て、飼蚕も怠るまいぞ、田や畑に草を生やすまいぞよ。よいかの、皆の者――」

河原の権叔父も五十ちかいし、お杉隠居も五十をこえている。万一、武蔵にでも出会ったら、ひとたまりもなく返り討ちにあうに極っている。――誰かもう三人ほど若い者が従いて行っては――という者もあったが、

「なんのい」

と、婆は首を振っていう。

「武蔵武蔵というが、あか児にすこし毛が生えたような餓鬼一人、何を怖れることがあろうぞ。婆には、力はないが、智謀というものがあるぞよ。また、一人や二人の敵ならば、ここ――」

と、自分の唇へ、ひとさし指を押し当てて、何か自信ありげにいった。

「いい出したら、後へは退かぬおばばのことじゃ、それでは、去になされ」

と、励まして、もう一同も止めようとはしなかった。

「さらばじゃ」

河原の権叔父と肩をならべ、お杉は、中山越えを、東へ降りた。

「おばば。――慥かりやらっしゃれのう」

縁者たちは、峠から手を振って、

「病んだら、すぐに、村へ使いを立てなされよっ――」

「はよう、元気でもどらっしゃれ――」

口々に、わかれを送った。

その声が、背に聞えなくなると、

「のう権叔父。どうせ、若い者より、先へ逝く身じゃ。心やすいではないかの」

権叔父は、

「そうとも、そうとも」

と、うなずいた。

この叔父は、今でこそ、狩猟をして生活をたてているが、若いうちは、血の中で育った戦国武者の果てだ。今でも頑丈な骨ぐみをつつんでいる皮膚には、戦場焦けの色が残っている。髪も、婆ほどは白くない。姓は淵川、名を権六という。

いうまでもなく、本家の息子の又八は、甥にあたるので、この叔父が、こんどの事件に対して、関心をもたないでいるはずはない。

「おばば」

「なんじゃい」

「おぬしは、覚悟して、旅支度もして来たろうが、わしはふだんのままじゃ。どこかで足拵えをせにゃならんが――」

「三日月山を下ると、茶屋があるわいの」

「そうそう、三日月茶屋までゆけば、わらじもあろう、笠もあろう」

三

ここを下れば、もう播州の龍野から斑鳩へもほど近い。

だが、*夏隣りのみじかくない日も、もう暮れかけていた。三日月茶屋で一息入れていたお杉隠居は、

「龍野までは、ちと無理、今夜は、新宮あたりの馬方宿で、臭い蒲団に寝ることかい

の」

と、茶代をおく。

「どれ、参ろう」

と、権六は、ここで求めた新しい笠を持って立ったが、

「おばば。ちょっと、待たれい」

「何じゃ」

「竹筒へ、裏の清水を入れて来るで――」

茶屋の裏へ廻って、権六は、筧（かけひ）の水を竹筒へ汲んだ。――そして戻りかけたが、ふと、窓口から、薄暗い屋の内をのぞいて、足をとめた。

「病人か？」

誰か、藁（わら）ぶとんをかぶって寝ているのである。薬のにおいがつよくする。顔は、ふとんへ埋めているのでよく分らないが、黒髪が枕にみだれかかっていた。

「権叔父よ。はよう来ぬか」

婆のよぶ声に、

「おい」

駈けてゆくと、

「なにをしていなさる」

と、婆は、不機嫌だ。

「何さ、病人がいるらしいで」

権六が歩み出しながらいいわけすると、

「病人が、何でめずらしい。子どものような道草する人じゃ」

と、婆は叱りつける。

権六も、本家のこの隠居には、頭が上がらないものとみえ、

「は、は、は」

と、磊落にごまかしてしまう。

茶屋の前から、道は、播州路へ向って、かなり急な坂である。銀山通いの荷駄が往来を荒すので、雨天のひどい凸凹がそのままに固まっている。

「ころぶなよ、おばば」

「何をいやる、まだ、こんな道に、宥わられる程、ばばは、耄碌しておらぬわいの」

すると、二人の上から、

「お年より、お元気でございますなあ」

と、誰かいう。

見ると、茶屋の亭主だった。

「おう、今ほどは、お世話になった。——何処へお出でか」

「龍野まで」

「これから？……」

「龍野まで行かねば医者はございませぬでの。これから、馬で迎えて来ても、帰りは夜中になりますわい」

「病人は、御家内か」

「いえいえ」

亭主は、顔をしかめ、

「嬶や、自分の子なら、為方もないが、ほんの床几に休んだ旅の者でな、災難でござりますわ」

「先刻……実は裏口からちょっと見かけたが……旅の者か」

「若い女子でな。店さきに休んでいる間に、悪寒がするというので、捨ててもおけず、奥の寝小屋を貸しておいたところ、だんだん熱がひどうなって、どうやらむつかしい様子なのじゃ」

お杉隠居は、足をとめて、

「もしやその女子は、十七ぐらいの——そして、背の細ッそりした娘じゃないか」

「左様。……宮本村の者だとは申しましたが」

「権叔父」

と、お杉隠居は、眼くばせをして、急に、帯を指先でさぐりながら、

「しもうたことした」

「どうなされた」

「数珠をな、茶屋の床几へ、置き忘れたらしい」

「それはそれは。てまえが、取って参りましょう」

と、亭主が走りかけると、

「なんのいの、おぬしは、医者へ急ぐ途中、病人が大事じゃ程に、先へ去んで下され」

権叔父は、元の道を、もう大股に先へ戻っていた。茶屋の亭主を追いやって、お杉も後から急いでゆく。

——たしかにお通！

ふたりの呼吸は荒くなっていた。

四

大雨に打たれて冷えこんだあの晩からの風邪熱なのである。

峠で武蔵と別れるまでは、それも忘れていたが、彼と袂を分って歩きだしてから間もなく、お通は、体じゅうが痛懶くなって、この三日月茶屋の奥に臥床を借りて横たわるまでの辛さは一通りではなかった。

「……おじさん……おじさん……」

水がほしいのであろう、囈言のように洩らしている。

店をしめると、亭主は、医者を迎えに出て行ったのだ。たった今、彼女の枕元をのぞいて、帰って来るまで辛抱しておいで——といったのを、お通は、もう忘れているほどな高熱らしい。

口が渇く。茨のトゲを頬ばっているように、熱が舌を刺す。

「……水をくださいな、おじさん……」

遂に、起き出して、お通は、流し元のほうへ首をのばした。

水桶の側まで、やっと這い寄った。そして竹柄杓へ手をかけた時である。

ガタと、何処かで、戸が仆れた。元より戸閉まりなどはない山小屋である。三日月坂から引っ返して来たばばと権六は、そこからのその入って来て、

「暗いのう、権叔父」

「待たっしゃれ」

土足のまま、炉のそばへ来た。そしてひとつかみの柴を燻べて、その明りに、

「あっ……おらぬぞ。ばば」

「えっ？」

——だが、お杉はすぐ、流し元の戸が少し開いているのを見つけ、

「外じゃ」

と、さけんだ。

その顔へ、ざっと、水の入っている水柄杓を投げつけた者がある、お通だった、風の中の鳥のように、途端に、袂も裳も翻して、茶屋前の坂道を、真っ逆さまに、逃げ走って行く——

「畜生っ」

お杉は軒下まで駈け出して、

「権叔父よっ、何しているのじゃ」

「逃げたか！」

「逃げたかもないものよ、こなたが間抜けゆえ、覚られてしもうたのじゃわ。——あれっ、はよう、どうかせぬかいの」

「あれか」

黒く——坂の下をまるで鹿のように逃げてゆく影をのぞんで、

「大事ない、先は病人、それに程の知れた女子の脚、追いついて、一討ちに」

駈け出すと、お杉も、後から駈けつづいて、

「権叔父よ、一太刀浴びせるはよいが、首は婆が怨みをいってから斬りますぞい」

そのうちに、先を走っている権六が、

「しまった」

大声を放って振向いた。

「どうしたぞ」

「この竹谷へじゃ——」

「躍りこんだか」

「谷は、浅いが、暗いのが閉口じゃわ。茶屋へもどって、松明など持って来ねば」

孟宗竹の崖ぶちから覗きこんで、ためらっていると、

「ええ、何を悠長な！」

と、お杉は権叔父の背なかを突きとばした。

「あっ」

——ザザザッと、笹落葉の崖を駈け辷って行った大きな足音が、やがて、遥か闇の下で止まると、

「くそばば。何を無茶しやるぞっ。汝も早う降りて来うっ！」

弱い武蔵

一

きのうも見えたが、また、きょうも見える。

日名倉の高原の十国岩のそばに、その岩の頭が欠け落ちたように、ぽつんと、一個の黒い物が坐っている。

「——なんだろう」

と、番士たちは、小手をかざしていた。

生憎と、陽のひかりが虹のように漲っていてよく見さだめがつかない。そこで一人

が、

「兎だろう」

と、よい加減にいうと、

「兎より大きい。鹿だ」

と一方はいう。

いや違う、鹿や兎があんなにじっとしている筈はない、やはり岩だ、と傍(かたわ)らから他(ほか)の者が唱えると、

「岩や木の株が、一夜に生(は)えるはずはない」

と、異説が出る。

するとまた、饒舌(じょうぜつ)なのが、

「岩が一夜に生える例はいくらもある。隕石(いんせき)といって、空から降る」

と、交(ま)ぜかえす。

「まあ、どうでもいいじゃないか」

と、いつも暢気(のんき)なのが、中を取って打ち消すと、

「何でもよいということがあるか。われわれは、この日名倉の木戸に何のために立っているのか。但馬(たじま)、因州、作州、播磨四ヵ国にわたる往来と国境とを、こうして、厳として守っているのは、ただ禄(ろく)を頂戴して、陽なたぼッこをしていよというためではあるまいが」

「わかったよわかったよ」

「もしあれが、兎でもなく、人間だったらどうする？」

「失言失言。もういいじゃないか」

宥めて、やっと納まったと思うとまた、

「そうだ、人間かも知れないぞ」

「まさか」

「何ともわからない、試しに、遠矢で射てみろ」

早速、番所から弓を持ち出して来たのが、弓自慢とみえ、片肌外して、矢をつがえ、キリキリとしぼった。

問題の目標は、ちょうど、番所のある地点から深い谷間を隔てている向うがわのなだらかな傾斜と、澄みきった空との境にポツンと黒く見えるのである。

ヒュッ――

矢は、鵯のように、谷をまっすぐに渡って行った。

「低い」

と、後ろでいう。

二の矢が、すぐ唸った。

「だめ、だめ」

引っ奪くって、こんどは他の者が覘う。それは、谷の途中で沈んでしまった。

「何を騒いでいるかっ」

番所に詰めている山目付の武士が来て、そう聞くと、

「よし、俺に貸せ」

と、弓を取った。これは、腕において、明らかに、段がちがう。

満をひいて、矢筈をキキと鳴らしたと思うと、山目付は、弦をもどして、

「こいつは、滅多に放せん」

「なぜですか」

「あれは、人間だ。――人間とすれば、仙人か、他国の隠密か、谷へとび込んで死のうと考えている奴か。とにかく、捕まえて来い」

「それみろ」

先に、人間説を唱えた番士は鼻うごめかして、

「はやく来い」

「オイ待て。捕まえるはいいが、何処からあの峰へ渡るか」

「谷づたいでは」

「絶望だ」

「為方がない、中山のほうから廻れ」

じっと、腕を拱んだまま、武蔵は、谷をへだてて見える日名倉の番所の屋根を睨んで

いた。

幾棟かあるあの屋根下の一つには、姉のお吟（ぎん）が捕まっているのだと思う——

だが、彼は、きのうも一日こうして坐りこんでいたし、今日も、容易に起ちあがる気色はなかった。

二

なんの番所侍の五十人や百人。

ここまでは、そう思って来た武蔵であったが——さて。

彼は、坐りこんで、その番所が一目に見える所からつらつら地の理を按（あん）じるに、一方は深い谷間、往来は二重木戸。

加うるに、ここは高原なので、十方碧落（へきらく）身をかくすべき一木もないし、高低もない。

夜陰に乗じて事を為遂（しと）げるのは、元よりこんな場合の法則だが、その夜も来ない夕刻から、番所の前の往来は、一の柵（さく）も二の柵も閉まって、すわといえば鳴子が鳴りそうだ。

（近づけない！）

武蔵は、腹のそこで唸った。

そして二日の間も、十国岩の下に坐りこんで、作戦を考えたが、いい智恵もなく、

（駄目だ！）

と思った。一死を賭してもという気力は先ずそこに挫かれた形である。

(はてな、俺は、どうしてこんな臆病者になったのか)

すこし自分を歯がゆくも思った。——こんな弱い俺ではなかったはずなのに、と吾に問う。

腕ぐみは、半日経っても、解けなかった。——どうしたものか、怖いのだ！　頻りと、その番所へ近づいてゆくことが怖いのである。

(俺は、怖がりになった。たしかに、ついこの間の俺とは違ってしまった。——だが、これは一体、臆病というものだろうか)

否！

と彼は自分で首をふった。

この気持は、臆病なために起っているのではない。沢庵坊から、智恵を注ぎ込まれたためだ。盲目の目があいて、かすかに、物が見え始めたからである。人間の勇気と、動物の勇とは質がちがう。真の勇士の勇と、生命知らずの暴れンぼの無茶とは、根本的にちがうものであるともあの人は俺に教えた。

目があいたのだ。——心の目が、何かこう世の中の怖さがうッすらと見えだして来たために、生れながらの己れに返ってしまったのだ。——生れながらの俺は決して野獣ではない、人間だった。

その人間になろうと思い立った途端に、俺は、なにものよりも、この身に享けている生命（いのち）というものが大事になってしまった。——生れ出たこの世において、どこまで自分というものが磨き上げられるか——それを完成してみないうちに、この生命をむざと落してしまいたくないのである。

「……それだ！」

我を見出して、彼は空を仰いだ。

だが——姉は救わずにはおけない。たとえ、それほど惜しいそれほど怖い今の気持を冒（おか）してもである。

夜になったら、今夜はこの絶壁を降りて、あなたの絶壁へ上がってみよう。この天嶮をたのんで、番所の裏手には柵（さく）もなし、手薄でもあるらしい。

——そう思い決めていた時である。足のつま先から少し離れた所へ、ぷすっと一本の矢が立った。

気がついてみると、彼方の番所の裏に、豆つぶほどな人間が多勢出て、どうやら自分の影を見つけて騒いでいるらしいのだ。そしてすぐ、散らかってしまった。

「——試し矢だな」

わざと、彼は動かずにじっとしていた。間もなく、中国山脈の背を西へ荘厳な落日の光耀（こうよう）はうすずきかけた。

夜が待たれた。

起って、彼は、小石をひろった。彼の晩飯は空を飛んでいるのだ。小石を投げると、空から、小鳥が落ちた。

その小鳥の生肉を裂いて、むしゃむしゃ喰べていると、二、三十人の番士たちが、わっと声を合せて、彼のまわりを取りかこんだ。

三

武蔵だ。宮本村の武蔵だ。

近寄ってから、気づいた声である。番士たちは、わああっと、二度目の武者声をあげ、

「見くびるな、強いぞ」

誡め合った。

武蔵は、くわっと、殺気に対して殺気に燃える眼をした。

「これだぞッ」

大きな岩を、両手にさしあげ、輪になっている人間たちの一角へ向って、どすんと抛りつけた。

その石は、真っ赤になった。鹿みたいにそこを跳びこえて、武蔵は走っていた。逃げるのかと思うと、反対に、番所のほうへ向って、獅子のような髪の毛を逆立てて駈けてゆく。

「ヤヤ彼奴、どこへ？」

番士たちは、呆ッけにとられた。眼のくらんだ蜻蛉のように、武蔵は飛んでゆくのだ。

「気が狂ッているんだ」

誰かが、そう叫ぶ。

三度目の鬨の声をあげて、番所のほうへ追いかけてゆくと、武蔵は、もうその正面の木戸から中へ、躍りこんでいた。

そこは、檻だ、死地である。――しかし武蔵の眼には、厳めしく並んでいる武器も、柵も、役人も見えなかった。

「あッ、何者だ」

と、組みついてきた目付役人を、たッた一拳のもとに仆してしまったのも、彼自身は意識しない。

中木戸の柱を、揺りうごかし、それを引き抜いて振りまわした。相手の頭数など問題でない。ただ真っ黒に集合してかかって来るものが相手だった。それを、ただおよその見当で撲りつけると、無数の槍と太刀が、折れては宙に飛び、また地へ捨てられた。

「姉上っ――」

裏へ廻る。

「姉者人！」

と、そこらの建物を血ばしった眼で覗いてゆく。

「――武蔵じゃ、姉者人ッ」

閉まっている戸は、引っ抱えている五寸角の柱で、軒ごとに突き破った。番人の飼っている鶏が、けたたましく絶叫して、役宅の屋根へ飛び上がって、天変地変でも来たように啼きぬいている。

「姉者人ッ――」

彼の声は、鶏のようにシャ嗄れてしまった。お吟は、どこにも見えないのだった。姉をよぶ声が次第に絶望的になってきた。

牢屋らしい汚い小屋の蔭から、一人の小者が、鼬のように逃げだすのを見つけた。血しおで、ぬるぬるになった角柱を、その足もとへ抛りなげて、

「待てッ」

と、武蔵が跳びついた。

意気地なく泣きだす顔を、ぴしゃッと撲りつけて、

「姉上は、どこにいるか。その牢屋を教えろ。いわねば、蹴殺すぞ」

「こ、ここには、おりませぬ。――一昨日、藩のいいつけで、姫路のほうへ、移されました」

「なに、姫路へ」

「へ……へい……」

「ほんとか」

「ほんとで」

武蔵は、また寄って来る敵へ、その番人の体を投げつけて、小屋の蔭へ、ぱっと身を退いた。

矢が、五、六本そこらへ落ちた。自分の裾にも一本とまっている。

瞬間――

武蔵は、拇指の爪を噛んで、じいっと、矢の飛ぶのを見ていたが、突然、柵のほうへ走って、飛鳥のように外へ躍り越えた。

ドカアン！

と、その姿へ向って放たれた種子島の音が、谷底から谺を揺すり上げた。

逃げだしたのだ！　武蔵は途端に、山の頂から転落してゆく岩のように、逃げ出している！

――怖いものの怖さを知れ。

――暴勇は児戯、無知、獣の強さ。

――もののふの強さであれ。

――生命は珠よ。

沢庵のいった言葉のきれぎれが、疾風のように駈けてゆく武蔵の頭の中を、同じ速度で駈けめぐっていた。

光明蔵

一

そこは、姫路の城下端れ。

花田橋の下で、また、或る日は橋の上あたりで、彼は、お通の来るのを待っていた。

「どうしたのだろう？」

お通は、見えない。——約束をして別れた日からもう七日目だ。ここで百日でも千日でも待っているといったお通なのに。

かりそめにも、約束の言葉をつがえた以上は、それを捨てて忘れてゆく気もちにはなれない武蔵であった。武蔵は、待ちしびれた。

かたがた、彼には、この姫路へ移されて来たという姉のお吟が、どこに幽閉されているか、それを探るのも、目的のひとつであった。花田橋の畔に、彼のすがたがない時は、城下町のここかしこを、菰をかぶって、物乞いのように彷徨っている日だった。

「やあ、出会うた」

突然、彼へ向って、駈け寄って来た僧がある。

「武蔵」

「あっ」

顔も姿も変えて、誰にもこれなら知れまいとしていた武蔵は、そう呼ばれてびっくりした。

「さあ、来い」

手首をつかんだその僧は、沢庵であった。ぐいぐいと引っ張って、

「世話をやかせずと、早く来い」

何処へか連れて行こうとするのである。この人に手向う力はなかった。武蔵は、沢庵の行くままに歩いた。また、樹の上か、それとも今度は藩の牢獄か。おそらく、姉も城下の獄に繋がれているのであろう。そうなれば、姉妹ひとつ蓮の台だと思う。どうしてもない一命とすれば、せめて、

（姉と一緒に――）

武蔵はひそかに心で願った。

白鷺城の巨大な石垣と白壁が、眼のまえに仰がれた。大手の唐橋をずかずかと沢庵は先に立って渡って行くのである。

鋲打の鉄門のかげに、槍ぶすまの光芒を感じると、さすがに、武蔵もためらった。

沢庵は、手招きして、

「はやく来ぬか」

多門を通ってゆく。

内堀の二の門へかかる。まだ泰平に落着き切れない大名の城地であった。藩士たちも、なん時でも戦にかかれる緊張と姿をもっていた。

沢庵は、役人を呼びたてて、

「おい、連れて来たよ」

と武蔵の身を引き渡し、そして、

「頼むぞ」

と念をこめていうのである。

「は」

「――だが、気をつけないといかぬぞよ、これは牙の抜いてない獅子の児だからな。まだ多分に野性なのだ。いじり方が悪いとすぐに嚙みつくぞ」

いいすてて、二の丸から太閤丸のほうへ案内なしに、行ってしまった。

沢庵にことわられたせいか、役人たちは、武蔵の体へ、指も触れないで、

「――どうぞ」

と、促す。

黙って尾いてゆくと、そこは風呂場だ、風呂に入れとすすめるのである。すこし勝手のちがう気がする。それに、お杉婆の策にかかった時、風呂では苦い経験を武蔵は持っている。

腕を拱んで考えていると、

「お済みになられたら、衣服はこちらに用意してござるゆえ、お召しかえなされい」

と、小者が、黒木綿の小袖と袴を置いて行った。

見ればそれには、懐紙、扇子、粗末ながら、大小も乗せてあるではないか。

二

姫山の緑をうしろに、天守閣と太閤丸のある一廓が、白鷺城の本丸だった。

城主の池田輝政は、背がみじかくて、うす黒いあばたがあり、頭は剃っている。

脇息から、庭を見やって、

「沢庵坊。あれかよ」

「あれでござる」

そばに控えている沢庵が、あごを引いて答えた。

「なるほど、よい面だましい。お汝よく助けてとらせた」

「いや、ご助命をいただいたのはあなた様からで」

「そうではない、役人どものうちにお汝のようなのがいれば、ずいぶん助けておいて世のためになる人間もあろうが、縛るのを、吏務だと考えているやつばかりだから困る」

縁をへだてた庭のうえに武蔵は坐っている。新しい黒木綿の小袖を着、両手を膝について、俯し目になっていた。

「新免武蔵というか」

輝政がたずねると、

「はいっ」

はっきり答えた。

「新免家は元、赤松一族の支流、その赤松政則が、昔はこの白鷺城の主であったのだ。そちが、ここへひかれて来たのも、何かの縁だな」

「…………」

武蔵は、祖先の名に泥を塗っている者は自分だと思っている。輝政に対しては、何も感じなかったが、祖先に対して、頭があがらない気がした。

「しかし！」

輝政は語気を改めていった。

「その方の所業、不埒であるぞっ」

「はい」

「厳科を申しつける」

「…………」

輝政は、横を向いて、

「沢庵坊。身の家臣、青木丹左衛門が、わしの指図も仰がず、お汝に対して、この武蔵を捕えたら、その処分は、おてまえに任せるといったという話は――あれは真かの」

「丹左を、お調べ下されば、真偽は明白でおざるが」

「いや、調べてはある」

「しからば、何をか、沢庵に嘘偽り(うそいつわ)がおざろう」

「よろしい、それで、両者のいうことは一致しておる。丹左は、身の家来、その家来が誓ったことは、わしの誓いも同様である。領主ではあるが、輝政には、武蔵を処分する権能はすでにないのだ。……ただこのまま放免は相成るまい。……しかしこの先の処分は、お汝(こと)まかせじゃ」

「愚僧も、そのつもりでおざる」

「で、いかがいたそうか」

「武蔵に、窮命をさせる」

「窮命の法は」

「この白鷺城のお天守に、変化(へんげ)が出るという噂のある開(あ)かずの間(ま)があるはずで」

「ある」

「今もって、開かずの間でおざろうか」

「むりに開けてみることもなし、家臣どもも嫌がっておるので、そのままらしい」

「徳川随一の剛の者、勝入斎(しょうにゅうさい)輝政どののお住居に、明りの入らぬ間が一つでもあることは、威信にかかわると思われぬか」

「そんなことは考えてみたことがない」

「いや、領下の民は、そういうところにも、領主の威信を考えます。それへ明りを入れましょう」

「ふむ」

「お天守のその一間を拝借し、愚僧が勘弁のなるまで、武蔵に幽閉を申しつけるのでおざる。――武蔵左様心得ろ」

と、申し渡した。

「ははは。よかろう」

輝政は、笑っている。

いつか七宝寺で、どじょう髯(ひげ)の青木丹左へ向って、沢庵のいったことばは、嘘ではなかった。輝政と沢庵とは禅の友であった。

「後で、茶室へ来ぬか」

「また、下手茶(へたちゃ)でござるか」

「ばかを申せ、近頃はずっと上達。輝政が武骨ばかりでないところを今日は見せよう。待っておるぞ」

先に立って、輝政は奥へかくれる。五尺に足らない短小なうしろ姿が、白鷺城いっぱいに大きく見えた。

三

真っ暗だ。——開かずの間といわれる天守閣の高いところの一室。

ここには、暦日（こよみ）というものがない、春も秋もない、また、あらゆる生活の物音も聞えて来ない。

ただ一穂（すい）の燈し灯（ともび）と、それに照らさるる武蔵の青白く頬の削（そ）げた影とがあるだけであった。

今は、大寒の真冬であろう、黒い天井の梁（はり）も板じきも、氷のように冷えていて、武蔵の呼吸（いき）するものが、燈心の光に白く見える。

孫子曰く

地形通ずる者あり

挂（か）かる者あり

支（ささ）うる者あり

隘（あい）なる者あり

険なる者あり

遠き者あり

孫子の地形篇が机の上にひらかれていた。武蔵は、会心の章に出会うと、声を張って幾遍も素読をくりかえした。

——故に
兵を知る者は動いて迷わず
挙げて窮せず
故に曰く
彼を知り己を知れば
勝すなわち殆からず
天を知り地を知れば
勝すなわち全うすべし

眼がつかれると、水のたたえてある器を取って、眼を洗った。燈心の油が泣くと燭を剪った。

机のそばには、まだ山のように書物が積んであった。和書がある。漢書がある。またそのうちにも、禅書もあるし、国史もあり、彼のまわりは本で埋まっているといってもよい。

この書物は、すべて、藩の文庫から借用したものである。彼が沢庵から幽閉を申しつかって、この天守閣の一室へ入れられた時、沢庵は、

「書物はいくらでも見よ。古の名僧は、大蔵へ入って万巻を読み、そこを出るたびに、少しずつ心の眼をひらいたという。おぬしもこの暗黒の一室を、母の胎内と思い、生れ出る支度をしておくがよい。肉眼で見れば、ここはただ暗い開かずの間だが、よく見

よ、よく思え、ここには和漢のあらゆる聖賢が文化へささげた光明が詰っている。ここを暗黒蔵として住むのも、光明蔵として暮らすのも、ただおぬしの心にある」

と、諭した。

そして沢庵は去ったのである。

以来、もう幾星霜か。

寒くなれば冬が来たと思い、暖かくなれば春かと思うだけで、武蔵は、まったく月日も忘れていたが、今度、天守閣の狭間の巣に、燕が返ってくる頃になれば、それはたしかに三年目の春である。

「おれも、二十一歳になる」

彼は、沈湎と、自分を省みてつぶやいた。

「――二十一歳まで、おれは何をして来たか」

慚愧に打たれて、鬢をそそけ立てたまま、じっともだえ暮している日もあった。

チチ、チチ、チチ……

天守閣の廂の裏に、燕のさえずりが聞えだした。海を渡って、春は来たのだ。

その三年目である、或る日ふいに、

「武蔵、お達者か」

沢庵がひょっこり上がって来た。

「おっ……」

なつかしさに、武蔵は、彼の法衣の袂をつかんだ。

「今、旅から帰って来たのだよ。ちょうど三年目じゃ。もうおぬしも、母の胎内で、だいぶ骨ぐみが出来たじゃろうと思ってな」

「ご高恩のほど……何とお礼をのべましょうやら」

「礼？ ……。ははは、だいぶ人間らしい言葉づかいを覚えたな。さあ、今日は出よう、光明を抱いて、世間へ、人間のなかへ」

四

三年ぶりに、彼は天守閣を出て、また城主の輝政の前へ連れ出された。

三年前には、庭先へ据えられたが、今日は、太閤丸の広縁の板じきを与えられ、そこへ坐った。

「どうだな、当家に奉公する気はないか」

と輝政はいった。

武蔵は、礼をのべ、身に余ることではあるが、今主人を持つ意思はないと答えて、

「もし私が、この城に御奉公するならば、天守閣の開かずの間に、夜な夜な噂のような変化の物があらわれるかも知れませせぬ」

「なぜ？」

「あの大天守の内を、燈心の明りでよく見ますと、梁や板戸に、斑々と、うるしのよう

な黒い物がこびりついています。よく見るとそれはすべて人間の血です。この城を亡った赤松一族のあえなき最期の血液かも知れません」

「ウム、そうもあろう」

「私の毛穴は、そそけ立ち、私の血は、何ともいえぬ憤りを起しました。この中国に覇を唱えた祖先赤松一族の行方はどこにありましょう。茫として、去年の秋風を追うような儚い滅亡を遂げたままです。しかし、その血は、姿こそ変れ、子孫の体に、今もなお生きつつあります。不肖、新免武蔵もその一人です。故に、当城に私が住めば、開かずの間に、亡霊どもがふるい立ち、乱をなさないとも限りませぬ。――乱をとげて、赤松の子孫が、この城を取り戻せば、また一つ亡霊の間がふえるだけです。殺戮の輪廻をくり返すだけでしょう。平和をたのしんでいる領民にすみません」

「なるほど」

輝政は、うなずいた。

「では、再び宮本村へもどり、郷士で終るつもりか」

武蔵は、黙って微笑した。しばらくしてから、

「流浪の望みでござります」

「そうか」

沢庵のほうへ向って、

「彼に、時服と路銀をやれ」

「ご高恩、沢庵からも、有難くお礼を申します」

「お汝から、改まって礼をいわれたのは、初めてだな」

「ははは、そうかも知れませぬ」

「若いうちは、流浪もよかろう。しかし、何処へ行っても、身の生い立ちと、郷土とは忘れぬように、以後は、姓も宮本と名乗るがよかろう、宮本とよべ、宮本と」

「はっ」

武蔵の両手は、ひとりでに床へ落ち、ぺたと平伏して、

「そう致します」

沢庵が、側から、

「名も、武蔵よりは、武蔵と訓まれたほうがよい。暗黒蔵の胎内から、きょうこそ、光明の世へ生れかわった誕生の第一日。すべて新たになるのがよろしかろう」

「うむ、うむ！」

輝政は、いよいよ、機嫌がよく、

「――宮本武蔵か、よい名だ、祝ってやろう。これ、酒をもて」

と、侍臣へいいつける。

席をかえて、夜まで、沢庵と武蔵は、お相手をいいつかった。ほかの家来も多く集まった中で、沢庵は、猿楽舞などを踊りだした。酔えば酔うで、忽ちそこに愉楽三昧な世界をつくる沢庵の面白そうな姿を、武蔵は、慎んで眺めていた。

二人が、白鷺城（はくろじょう）を出たのは、翌る日であった。

沢庵も、これから*行雲流水（こううんりゅうすい）の旅に向い、当分はお別れとなろうというし、武蔵もまた、きょうを第一歩として、人間修行と、兵法鍛錬の旅路に上りたいという。

「では、ここで」

城下まで来て、別れかけると、

「あいや」

袂（たもと）をとらえ、

「武蔵、おぬしには、まだもう一人会いたい人があるはずではないか」

「？……、誰ですか」

「お吟（ぎん）どの」

「えっ、姉は、まだ生きておりましょうか」

夢寐（むび）の間も、忘れてはいないのである。武蔵は、そういうとすぐ眼を曇らせてしまった。

花田橋

一

沢庵のことばによると、三年前武蔵が日名倉の番所を襲った時は、姉のお吟はもうそこにはいなかったので、何の咎めもうけず、その後は、種々な事情もあって宮本村へは帰らなかったが、佐用郷の縁者の家へ落着いて、今は無事に暮しているというのである。

「会いたかろ」

沢庵は、すすめた。

「お吟どのも、会いたがっておる。したが、わしはこういって待たせて来たのじゃ。――弟は、死んだと思え、いや、死んでおるはずじゃ。三年経ったら、以前の武蔵とはちがった弟を伴れて来てやるとな……」

「では、私のみでなく、姉上の身まで、お救い下さいましたのか。大慈悲、ただかようでございまする」

武蔵は胸のまえで、掌をあわせた。

「さ、案内しよう」

促すと、

「いや、もう会ったも同じでございます。会いますまい」

「なぜじゃ？」

「せっかく、大死一番して、かように生れ甦って、修業の第一歩に向おうと、心を固めております門出」

「ああ、わかった」

「多くを申し上げないでも、ご推量くださいませ」

「よく、そこまでの心になってくれた。――じゃあ、気まかせに」

「おわかれ申します。……生あれば、またいつかは」

「む。こちらも、ゆく雲、流るる水。……会えたら会おう」

沢庵はさらりとしたもの。

別れかけたが、

「そうじゃ、ちょっと、気をつけておくがの、本位田家の婆と、権叔父とが、お通と、おぬしを討ち果すまでは、故郷の土を踏まぬというて旅へ出ておるぞよ。うるさいことがあろうも知れぬが、関わぬがよい、――またどじょう髯の青木丹左、あの大将も、わしが喋舌ったせいではないが、不首尾だらけで、永のお暇、これも旅をうろついておろう。――何かにつけ、人間の道中も、難所折所、ずいぶん気をつけて、歩きなさい」

「はい」

「それだけのことだ。じゃあ、おさらば」

と沢庵は西へ。

「……ご機嫌よう」

その背へいって、武蔵はいつまでも、辻から見送っていたが、やがて、独りとなって、東の方へ歩みだした。

孤剣！

たのむはただこの一腰。

武蔵は、手をやった。

「これに生きよう！　これを魂と見て、常に磨き、どこまで自分を人間として高めうるかやってみよう！　沢庵は、禅で行っている。自分は、剣を道とし、彼の上にまで超えねばならぬ」

と、そう思った。

青春、二十一、遅くはない。

彼の足には、力があった。ひとみには、若さと希望が、らんらんとしていた。また時折、笠のつばを上げ、果て知らぬ——また測り知れぬ人生のこれからの長途へ、生々した眼をやった。

すると——

姫路の城下を離れてすぐである。花田橋を渡りかけると、橋の袂から走って来た女が、

「あっ！　……あなたは」

と袂をつかんだ。

お通であった。

「や？」

と、驚く彼を、恨めしげに、

「武蔵さん、あなたは、この橋の名を、よもやお忘れではありますまいね。あなたの来ぬうちは、百日でも千日でもここに待っているといったお通のことはお忘れになっても――」

「じゃあ、そなたは、三年前からここに待っていたのか」

「待っていました。……本位田家の婆様に狙われて、一度は、殺されそうになりましたが、辛くも、命びろいをして、ちょうど、あなたと中山峠でお別れしてから二十日ほど後から今日まで――」

橋の袂に見える道中土産の竹細工屋の軒を指さして、

「あの家へ、事情を話し、奉公しながら、あなたの姿を待っておりました。きょうは、日数にしてちょうど九百七十日目、約束どおり、これから先は、一緒に伴れて行って下さるでしょうね」

二

実は、心のそこでは、会いたくて会いたくて、うしろ髪をひかれるような姉のお吟にさえ、眼をつぶって、会わずに足を早めて来た心の矢さきである。

(なんで!)

と、武蔵は、勃然と自分へいう。

――なんで、これからの修業の旅出(たびで)に、女などを連れて歩かれるものか。

しかも、この女なるものは、かりそめにも本位田又八の許婚(いいなずけ)であった者。あのお杉婆にいわせれば、聟(むこ)はいなくとも、

（うちの嫁女）

であるお通ではないか。

武蔵は、自分の顔に、苦(にが)い気持が滲(にじ)みでるのをどうしようもなく、

「連れて行けとは、何処へ」

と、ぶっきら棒にいった。

「あなたの行く所へ」

「わしのゆく先は、艱苦の道だ、遊びに遍路するのではない」

「わかっております、あなたのご修業はお妨(さまた)げしません、どんな苦しみでもします」

「女づれの武者修業があろうか。わらいぐさだ、袖をお離し」

「いいえ」

お通は、よけいに強く、彼の袂(たもと)を握って、

「それでは、あなたは、私を騙(だま)したのですか」

「いつ、そなたを騙したか」

「中山越えの峠のうえで、約束したではありませんか」

「む……。あの時は、うつつだった。自分からいったのではなく、そなたの言葉に、気

が急くまま、うんと、答えただけであった」

「いいえ！ いいえ！ そうはいわせません」

闘うように、お通は迫って、武蔵の体を、花田橋の欄干へ押しつけた。

「千年杉の上で、私があなたの縄目を切る時にもいいました。——一緒に逃げてくれますかと」

「離せ、おい、人が見る」

「見たって、かまいません。——その時、私の救いをうけてくれますかといったら、あなたは歓喜の声をあげ、オオ、断ってくれこの縄目を断ってくれ！ 二度までも、そう叫んだではありませんか」

理をもって責めてはいるが、涙でいっぱいな彼女の眼は、ただ情熱のたぎりであった。

武蔵は、理においても、返す言葉がなかったし、情熱においては、なおさら焦き立てられて、自分の眼まで熱いものになってしまった。

「……お離し……昼間だ、往来の人が振り向いてゆくじゃないか」

「…………」

お通は素直に袂をはなした。そして橋の欄干へ俯ッ伏すと、鬢をふるわせてしゅくしゅくと泣き出した。

「……すみません、つい、はしたないことをいいました。恩着せがましい今のことば、忘れてください」

「お通どの」

欄干の顔をさしのぞいて、

「実は、わしは今日まで、九百幾十日の間——そなたがここでわしを待っていた間——あの白鷺城の天守閣のうえに、陽(ひ)の目も見ずに籠(こも)っていたのだ」

「伺っておりました」

「え、知っていた？」

「はい、沢庵さんから聞いていましたから」

「じゃあ、あの御坊、お通どのへは、何もかも話していたのか」

「三日月茶屋の下の竹谷で、私が気を失っていたところを、救ってくれたのも、沢庵さんでした。そこの土産物屋へ奉公口を見つけてくれたのも沢庵さんです。——そして、男と女のことだ。これから先は知らないヨ、と謎みたいなことをいって、昨日も店でお茶を飲んでゆきました」

「アア。そうか……」

武蔵は、西の道を振向いた。たった今、別れた人と、いつまた、会う日があるだろうか。

今になって、さらに、沢庵の大きな愛を感じ直した。自分へだけの好意と考えていたのは自分が小さいからだった。姉へだけでもない、お通へも、誰へも、その大きな手は平等に行き届いていたのである。

三

(——男と女のことだ。これから先は、知らないよ)

そう沢庵がいい残して去ったと聞くと、武蔵は、心に用意していなかった重いものを、ふいに、肩へ負わされた気がした。

九百日、開かずの間で、眼を曝してきた尨大な和漢の書物の中にも、こういう人間の大事は一行もなかったようである。沢庵もまた男と女の問題だけは、われ関せず焉、と逃げた。

(——男と女のことは、男と女で考えるほかはない)

そういう暗示か、

(それくらいなことは、せめて自分で裁いてみるがいい)

と自分へ投げた試金石か。

武蔵は、思い沈んだ。——橋の下を行く水をじっと見つめたまま。

するとこんどは、お通からその顔をさしのぞいて、

「いいでしょう。……ネ、ネ」

と、すがる。

「いつでも、お店では、暇を下さる約束になっているんですから、すぐわけを話して、

支度をして来ます。待っていて下さいましね」

「頼む！」

武蔵はお通の白い手を橋の欄干へ抑えつけた。

「――思い直してくれ」

「どういう風に」

「最前もいったとおり、わしは、闇の中に三年、書を読み、悶えに悶え、やっと人間のゆく道がわかって、ここへ生れかわって出て来たばかりなのだ。これからが宮本武蔵の――いや名も武蔵と改めたこの身の大事な一日一日、修業のほかに、なんの心もない。そういう人間と、一緒に永い苦艱の道を歩いても、そなたは決して、倖せではあるまいが」

「そう聞けば聞くほど、私の心はあなたにひきつけられます。私はこの世の中で、たった一人のほんとの男性を見つけたと思っております」

「何といおうが、連れてはゆかれぬ」

「では、私は、どこまでも、お慕い申します。ご修業の邪魔さえしなければよいのでしょう。……ね、そうでしょう」

「…………」

「きっと、邪魔にならないようにしますから」

「…………」

「ようございますか、黙って行ってしまうと、私は怒りますよ。ここで待っていてくださいね。……すぐ来ますから」

そう自問自答して、お通は、いそいそと、橋袂の籠細工屋のほうへ駈けて行く。

武蔵は、その隙に、反対の方へ、眼をつぶって駈け去ってしまおうとしたのである。

だが意志がわずかにうごいただけで、脚は釘で打ちつけられたように動かなかった。

「——嫌ですよ、行っては」

振向いて、お通が、念を押していう。その白い笑靨へ、武蔵は思わずうなずきを見せてしまった。彼女は、相手の感情を受けとると、もう、安心したように、籠細工屋の内へかくれた。

今だ。——去るならば。

武蔵の心が、武蔵を打つ。

だが、彼の瞼には、今のお通の白い笑靨が——あの哀れっぽいような愛くるしいような眸が——体を縛りつけていた。

いじらしい！　あれまでに自分を慕ってくれるものが、姉以外にこの天地にあろうとは思えない。

しかも決して、嫌いではないお通である。

空を見——水を見——武蔵は悶々と橋の欄干を抱いていた。迷っていた。そのうちに、肱も顔も乗せかけているその欄干から、何をしているのか、白い木屑が、ボロボロこぼれ落ちては、行く水に流れて行った。

浅黄の脚絆に、新しいわらじを穿いて、市女笠の紅い緒を頤に結んでいる。それがお通の顔によく似あう。

だが――

武蔵はすでに其処にはいなかったのであった。

「あらっ」

彼女はおろおろ泣き声して叫んだ。

さっき武蔵が佇んでいたあたりには、木屑が散りこぼれていた。ふと欄干の上を見ると、小柄で彫った文字の痕が、唯こう白々と残されていた。

　ゆるしてたもれ
　ゆるしてたもれ

水の巻

吉岡染

一

明日は知れないきょうの生命
また、信長も謡った——
人間五十年、化転のうちをくらぶれば、夢まぼろしの如くなり

そういう観念は、ものを考える階級にも、ものを考えない階級にもあった。——戦が熄んで、京や大坂の街の灯が、室町将軍の世盛りのころのように美わしくなっても、

（いつまたこの灯が消えることか？）

と、人々の頭の底には、永い戦乱に滲みこんだ人生観が、容易に脱けきれないのであ

った。

慶長十年。

もう関ケ原の役も五年前の思い出ばなしに過ぎない。

家康は将軍職を退き、この春の三月には二代将軍を継承した秀忠が、御礼のため上洛するのであろうと、洛内は景気立っている。

だが、その戦後景気をほんとの泰平とは誰も信じないのである。江戸城に二代将軍がすわっても、大坂城にはまだ、豊臣秀頼が健在だった。——健在であるばかりでなく、諸侯はまだそこへも伺候しているし、天下の浪人を容れるに足る城壁と金力と、そして秀吉の植えた徳望とを持っている。

「いずれ、また、戦さ」

「時の問題だ」

「戦から、戦までの間の灯だぞ、この街の明りだぞ、人間五十年どころか、あしたが闇」

「飲まねば損か、何をくよくよ」

「そうだ、唄って暮せ——」

ここにも、そういう考えのもとに、今の世間に生きている連中の一組があった。

西洞院四条の辻からぞろぞろ出て来た侍たちである。その横には、白壁で築いた長い塀と宏壮な*腕木門があった。

室町家兵法所出仕
平安　吉　岡　拳　法

と書いた門札が、もう眼をよせてよく見なければ読めないほど黒くなって、しかし厳めしさを失わずにかかっている。

ちょうど、街に灯がつくころになると、この門から、溢れるように若い侍が帰ってゆく。一日も、休みということはないようだ、木太刀を交ぜて、三本の刀を腰に横たえているのもあるし、本身の槍をかついで出て来る者もある。戦となったら、こういう連中が誰より先に血を見るのだろうと思われるような武辺者ばかりだった。飈風の卵のように、どれを見ても、物騒な面だましいをそなえているのである。

それが、八、九人、

「若先生、若先生」

と、取巻いて、

「ゆうべの家は、ごめん蒙りたいものだ。なあ、諸公」

「いかんわい。あの家の妓どもは若先生ひとりに媚びて、俺たちは眼の隅にもおいてない」

「きょうは、若先生の何者であるかも、俺たちの顔も、まったく知らない家へ行こうじゃないか」

そのことそのこと――とばかり動揺めくのだった。加茂川に沿って、灯の多い街だった。永いあいだ、乱世の顔みたいに、焼け跡のまま雑草にまかされていた空地も、ついに地価があがって、小屋同様な新しい仮家が建ち、紅や浅黄の暖簾がかけられ、白粉を下手に塗った丹波女が鼠鳴きをしたり、大量に買われてきた阿波女郎が、このごろ世間にあらわれ始めた三味線というものを、ポツン、ポツン、戯れ唄に交ぜて、弾いたりなどしていた。

「藤次、笠を買え、笠を」

色街の近くまで来ると、若先生と呼ばれている背のたかい黒茶の衣服に三つおだまきの紋を着けている吉岡清十郎が、連中を顧みていった。

「笠。――編笠で？」

「そうじゃ」

「笠など、おかぶりにならないでもよいではござりませぬか」

弟子の祇園藤次がいうと、

「いや、吉岡拳法の長男が、こんな所を歩いているぞと、人に振りかえられるのは嫌だ」

二

「あははは、笠なしでは、色ざとを歩かれぬと仰っしゃるわ。――そういう坊ンちのようなことをいうので、とかく若先生は女子にもてて困るのじゃ」

藤次は、揶揄うような、また、おだてるようなことをいって、連中の一人へ、

「おい編笠を求めてこい」

といいつけた。

酔っているものや、影絵のようなぞめきの人々と、灯を縫うてひとりは編笠茶屋へ走ってゆく。

その笠が来ると、

「こうかむれば、誰にも、わしとはわかるまいが」

清十郎は、顔をかくして、やや大びらに歩みだした。

藤次は、うしろから、

「これはまた伊達者に見える。若先生、いちだんと風流姿でございますぞ」

すると、他のものまで、

「あれ、妓たちが皆、暖簾口から見ているわ」

などと、幇間をたたいた。

しかし、門下達のことばは、あながちそら世辞ではなかった。清十郎は背が高くて、帯びている大小は綺羅びやかだし、年は三十前後の男の花の頃だし、名家の子として恥かしくない気品も実際あった。

で――軒から軒の浅黄暖簾や、紅ン殻色の出格子のうちから、

「そこへ行く、美い男さま」

「おすましの編笠さん」

「ちょっとお寄りなさいませ」

「笠のうち、一目、見せて」

と、籠の鳥が、囀り抜く。


清十郎は、よけいにとり澄ました。弟子の祇園藤次にそそのかされて、遊里に足を入れはじめたのも近頃であるが、元来が父に吉岡拳法という有名な人物を持ち、幼少から金の不自由も知らず、世間の底も知らず、まったく、坊ンち育ちに出来ているので、多分に、見栄坊なところがある。——弟子たちのお幇間や妓たちのそういう声が、甘い毒のように、彼の心を酔わしていた。

すると、一軒の茶屋から、

「あれ、四条の若先生、いけませんよ、顔をかくしても、わかっておりますよ」

と、妓が、黄いろい声でさけんだ。


清十郎は、得意な気もちをかくし、わざと驚いたように、

「藤次、どうしてあの妓は、わしを吉岡の嫡子と知っているのだろう」

と、その格子先で佇んだ。

「はてな？」

藤次は、格子のうちで笑っている白い顔と、清十郎を見くらべて、

「諸公、怪しからぬ事なござるぞよ」

「なんじゃ、何事ぞや」

連中は、わざと騒めく。

藤次は遊蕩の気分を醸るために、道化た手ぶりをして、

「初心じゃとばかり思っていたら、うちの若先生は、どうして隅へはおけない。――あの妓と、とうにお馴染であるらしい」

指さすと、妓は、

「あれ、それは嘘」

清十郎も、大げさに、

「何を申すか、わしは、この家など上がったことはない」

真面目になって、弁解するのを、藤次は、百も承知していながら、

「では、なぜ、笠で顔をかくしているあなたを、四条の若先生と、あの妓がいいあてたか、不審では、ござりませぬか。――諸公、これが不審でないと思われるか」

「怪しいものでござりますぞ」

囃したてると、

「いいえ、いいえ」

妓は、白粉の顔を格子へつけて、

「もし、お弟子さん方、それくらいなことがわからないでは客商売はできませんよ」

「ほ。えらく、広言を吐くの――。ではどこで、それがわかったか」

「黒茶のお羽織は、四条の道場にかようお武家衆好み。この遊里まで、吉岡染という
て、流行っているではございませんか」

「でも、吉岡染は、誰も着る、若先生だけとは限らぬ」

「けれど、ご紋が三つおだまき」

「あ、これはいかん」

清十郎が、自分の紋を見ているまに、格子の中の白い手は、その袂をつかまえてい
た。

三

「顔をかくして、紋かくさずだ。参った！　参った！」

藤次は清十郎へ、

「若先生、こうなっては、ぜひないこと、上がっておやりなさるほか、策はありますま
い」

「どうなとせい。それより、はやくわしのこの袂をはなさせてくれ」

当惑顔をすると、

「妓、上がってやると仰っしゃるから、はなせ」

「ほんとに」

妓は、清十郎の袂をはなした。

どやどやと、連中は、そこの暖簾をわけて入った。

ここも、急ごしらえの安普請である。落ちつくに堪えない部屋に、俗悪な絵だの花だのを、無智に飾りたててある。

だが、清十郎と藤次をのぞいては、そういう神経などはまるで持てない人々だった。

「酒を持て、酒を」

と、威張る。

酒が来ると、

「肴を持て」

と、いうのがいる。

肴がくると、植田良平という藤次に肩をならべるこの道の豪の者が、

「はやく、妓を持て」

と、怒鳴ったので、

「あははは」

「わははは」

「妓を持てはよかった。植田老が御意召さるぞ、はよう妓を持て！」

と、皆で真似た。

「それがしを、老とは怪しからぬ」

良平老は、若いものを、酒杯ごしに睥睨して、

「なるほど、それがしは、吉岡門では、古参に相違ないが、まだ鬢辺の糸は、このとおり黒い」

「斎藤実盛にならって、染めてござるらしい」

「何奴じゃ、場所がらをわきまえんで。——これへ出よ、罰杯をくれる」

「ゆくのは面倒、投げてくれい」

「参るぞ」

杯が飛ぶ。

「返すぞ」

また飛ぶ。

「誰ぞ、踊れ」

と、藤次がいう。

清十郎もやや浮いて、

「植田、お若いところで」

「心得てそうろう、若いといわれては、舞わずにおれん」

と、縁のすみへ出て行ったと思うと、仲居の赤い前だれを、頭のうしろに結び、その紐へ、梅の花をさし、箒をかついで、

「やよ、各〻、飛ン騨踊りじゃ。——藤次どの、唄たのむ」

「よしよし、皆も唄え」

箸で皿をたたく、火ばしで火桶のふちをたたく。

柴垣、柴垣
しばがき、越えて
雪のふり袖
ちらと見た
振袖、雪の振袖
チラと見た

わっと、拍手にくずれて引ッ込む。すぐ妓(おんな)たちが、鳴物打って、唱歌する。

きのう見し人
今日はなし
きょう見る人も
あすはなし
あすとも知らぬ我なれど
きょうは人こそ恋しけれ

片隅では、大きな器(うつわ)で、

「飲めんのか、こればしの酒が」
「あやまる」
「武士たるものが」

「何を。じゃあ、俺が飲んだら、貴様も飲むか」

「見事によこせ」

牛のように飲むことをもって酒飲みの本領と心得ている徒輩が、口端から、しずくをこぼしてまで我慢して、飲みくらをしている。

やがて、嘔吐をつく奴がいる。目をすえて、飲み仲間をジロジロ睨めまわしている奴がある、またふだんの慢心に火をそそいで、あるものは、

「京八流のわが吉岡先生をのぞいて、天下に、剣のわかる人間が一匹でもいるか。いたらば、拙者が先に、お目にかかりたいもんだ。……ゲ、げーい」

四

すると、清十郎を挟んで、その隣に、同じく、これも食べ酔って、シャックリばかりしていた男が、笑いだした。

「若先生がいると思って、見えすいたおベッかをいう奴だ。天下に剣道は、京八流だけではないぞ。また、吉岡一門ばかりが、随一でもあるまい。たとえば、この京都だけにも、黒谷には、越前浄教寺村から出た富田勢源の一門があるし、北野には小笠原源信斎、白河には、弟子はもたぬが、伊藤弥五郎一刀斎が住んでおる」

「それがどうした」

「だから、一人よがりは、通用せぬというのだ」

「こいつ！……」

と、高慢の鼻を弄られた男は膝をのりだして、

「やい、前へ出ろ」

「こうか」

「貴様は、吉岡先生の門下でありながら、吉岡拳法流をくさすのか」

「くさしはせぬが、今は、室町御師範とか、兵法所出仕といえば、天下一に聞え、人もそう考えていた先師の時代とちがって、この道に志す輩は雲のごとく起り、京はおろか、江戸、常陸、越前、近畿、中国、九州の果てにまで、名人上手の少なくない時勢となっている。それを、吉岡拳法先生が有名だったから、今の若先生やその弟子も、天下一だと己惚れていたら間違いだと俺はいったんだ。いけないか」

「いかん、兵法者のくせに、他を怖れる、卑屈な奴だ」

「おそれるのではないが、いい気になっていてはならんと、俺は誡めたいのだ」

「誡める？……貴さまに他人を誡める力がどこにあるか」

どんと、胸いたを突く。

あっと一方は、杯や皿のうえに手をついて、

「やったな」

「やったとも」

先輩の祇園と植田の二人は、あわてて、

「こら野暮をするな」

双方を、もぎはなして、

「まアいい、まアいい」

「わかったよ、貴さまの気持はわかっておる」

と、仲裁して、また飲ませると、一方はなおさかんに怒号するし、一方は、植田老の首にからみついて、

「おれは、真実、吉岡一門のためを思うから、直言するんだ。あんな、おベッか野郎ばかりいては、先師拳法先生の名も廃ると思うんだ……ついに廃ると……」

と、おいおい泣き出している。

妓たちは、逃げてしまうし、鼓や酒瓶は、蹴とばされている。

それを怒って、

「妓ども！　ばか妓！」

罵って、ほかの部屋を、歩いているのがあると思うと、縁がわに、両手をついて、蒼ざめたのが、友人に背なかを叩いてもらっている。

清十郎は、酔えなかった。

その様子に、藤次が、

「若先生、面白くないでしょう」

と、囁くと、

「これで、彼奴らは、愉快なのであろうか」

「これが、面白いのでしょうな」

「あきれた酒だ」

「てまえが、お供をいたしますから、若先生には、どこか他の静かな家へ、おかわりになっては如何で」

すると清十郎は、救われたように、藤次の誘いに乗って、

「わしは、昨夜の家へ、参りたいが」

「蓬の寮ですか」

「うむ」

「あそこは、ずんと茶屋の格がようございますからな。――初めから、若先生も、蓬の寮へお気が向いていることは分っていたのでござるが、何せい、この有象無象がくっついて来たのでは滅茶ですから、わざと、この安茶屋へ寄ったので」

「藤次、そっと、抜けてゆこう。あとは植田にまかせて」

「厠へ立つふりをして、あとから参ります」

「では、戸外で待っているぞ」

清十郎は、連中を措いて、器用にすがたを消した。

陽なた・陽かげ

一

白い踵を浮かして、つま先で立っていた。風に消された掛け行燈にあかりを入れ直し、軒へ背のびをしている洗い髪の年増女だった。なかなか釘へかからないのである。さし上げている白い肱に、燈りの影と黒髪がさやさやとうごいて、二月の晩のゆるい風には、どこか梅の薫りがしていた。

「お甲。掛けてやろうか」

うしろで、誰か、不意にいう。

「あら、若先生」

「待て」

と、側へ来たのは、その若先生の清十郎ではなくて、弟子の祇園藤次、

「これでいいのか」

「どうもおそれ入ります」

よもぎの寮

と書いてある行燈をながめ、すこし曲っているナとまた掛け直してやる。家庭ではお

そろしく不精でやかましやの男が、色街へ来ると、案外親切で小まめで、自分で窓の戸をあけたり、敷物を出したり、働きたがる男というものはよくあるものだ。

「やはりここは落着く」

清十郎は、坐るとすぐいった。

「ずんと、静かだ」

「開けましょうか」

藤次は、もう働く。

せまい縁に、欄がついている。欄の下には、高瀬川の水がせせらいでいた。三条の小橋から南は、瑞泉院のひろい境内と、暗い寺町と、そして茅原だった。まだ世人の頭に生々しい記憶のある殺生関白秀次とその妾や子たちを斬った悪逆塚も、ついそのあたりに近いのである。

「はやく、女でも来ぬと、静かすぎますな。……他に今夜は客もないらしいのに、お甲のやつ、何をしているのか、まだ、茶も来ない」

しないでもよい気働きがやたらに出て来て、坐っていられない性とみえる。茶でも催促に行こうというのか、のこのこ奥へ通う細廊下へ出てゆくと、

「あら」

出会いがしらに、蒔絵の盆を持った鈴の音がした。少女である。鈴は、その袂の袖口で鳴るのだった。

「よう、朱実(あけみ)か」

「お茶がこぼれますよ」

「茶などどうだっていい。おまえの好きな清十郎様が来ていらっしゃるのだ。なぜ早く来ないか」

「あら、こぼしてしまった。雑巾(ぞうきん)を持っていらっしゃい、あなたのせいですから」

「お甲(こう)は」

「お化粧(つくり)」

「なんだ、これからか」

「でも今日は、昼間がとても忙しかったのですもの」

「昼間。——昼間、誰が来たのか」

「誰だっていいじゃありませんか、退(ど)いて下さいよ」

朱実は、部屋へ入って、

「おいで遊ばせ」

気のつかない顔をして横をながめていた清十郎は、

「あ……おまえか、ゆうべは」

と、てれる。

千鳥棚のうえから、香盒(こうごう)に似た器(うつわ)へ、鍔(つば)のついている陶器口(とうきぐち)の煙管(きせる)をのせ、

「あの、先生は、莨(たばこ)をおすいになりますか」

「莨は、近ごろ、御禁制じゃないか」

「でも、皆さんが隠れておすいになりますもの」

「じゃあ、吸ってみようか」

「おつけしましょうね」

青貝もようの綺麗な小箱から莨（たばこ）の葉をつまんで、朱実は、陶器煙管（すえものぎせる）の口へ白い指でつめ、

「どうぞ」

と清十郎へ吸口を向けた。

馴れない手つきで、

「辛（から）いものだのう」

「ホホホ」

「藤次は、どこへ行った？」

「また、お母さんの部屋でしょう」

「あれは、お甲が好きらしいな。どうも、そうらしい。藤次め、時々わしを措（お）いて、一人で通っているにちがいない」

二

「――な、そうだろう」

「いやなお人。――ホ、ホ、ホ」

「何がおかしい。そなたの母も、うすうす藤次に思いを寄せているのだろうが」

「知りません、そんなこと」

「そうだぞ、きっと。……ちょうどよいではないか、恋の一対、藤次とお甲、わしとそなた」

そしらぬ顔をしながら、朱実の手の上へ手をかさねると、

「いや」

と、朱実は潔癖な弾みを与えて、膝から振り退けた。

振りのけられた手は、かえって清十郎を強くさせた。起ちかけた朱実の小がらな体を抱きすくめ、

「どこへ行くか」

「いや、いや。……離して」

「まあ、居やれ」

「お酒を。……お酒を取って来るんですから」

「酒などは」

「お母あさんに叱られます」

「お甲は、あちらで、藤次と仲よく話しおるわ」

埋め込む朱実の顔へ顔をすり寄せると、ぱっと火でもついたような熱い頬が必死に横

を向いて、

「――誰か来てえっ。お母あさん！　お母あさん！」

と、ほん気で叫んだ。

離した途端に、朱実は、袂の鈴を鳴らして、小鳥みたいに奥へかくれた。彼女の泣きこんだ辺りで、大きな笑い声がすぐ聞えた。

「ちッ……」

自分の置き場を失ったように、清十郎は、さびしい、苦い、何ともいえない面(おも)もちを持って、

「帰る！」

独りでつぶやいて、廊下へ出た、歩きだすと、その顔は、ぷんぷん怒っていた。

「おや、清さま」

見つけて、あわてて抱きとめたのはお甲であった。髪も束(たば)ね、化粧は先刻よりは直っていた。抱きとめておいて、藤次を加勢に呼びたてた。

「まあ、まあ」

やっと元の座敷に坐らせたのである。すぐ酒を運ぶ、お甲が機嫌をとる、藤次が、朱実を引っぱッて来る。

朱実は、清十郎の沈んでいるのを見ると、くすりと、笑靨(えくぼ)を下に向けた。

「清さまへお酌をなさい」

「はい」

と、銚子をつきつける。

「これですもの、清さま、どうしてこの娘は、いつまで、こう子どもなんでしょう」

「そこがいいのさ、初桜は」

藤次も、わきから座を持った。

「だって、もう二十一にもなっているのに」

「二十一か、二十一とは見えんな、ばかに小粒だ——やっと十六か、七」

朱実は、小魚みたいに、ぴちぴちした表情を見せて、

「ほんと？　藤次さん。——うれしい！　私、いつまでも、十六でいたい、十六の時に、いいことがあったから」

「どんなこと」

「誰にもいえないこと。……十六の時に」

と、胸を抱いて、

「わたし、何処の国にいたか、知っている？　関ケ原の戦のあった年」

お甲は、不意にいやな顔して、

「ぺちゃぺちゃ、くだらないお喋べりをしていないで、三味線でも持っておいで」

つんと答えずに、朱実は起った。——そして三味線をかかえると、客を娯しませようとするよりは、自分ひとりの思い出でも娯しむように、

よしや、こよいは
曇らばくもれ
とても涙で
見る月を

「藤次さん、わかる？」

「ウム、もう一曲」

「ひと晩じゅうでも、弾いていたい——」

しんの闇にも
まよわぬ我を
アアさて、そ様の
迷わする

「なるほど、これでは確かに、二十一にちがいない」

三

それまで、沈湎と額づえついていた清十郎が、どう気をとり直したか、唐突に、

「朱実、一杯ゆこう」

杯を向けると、

「ええ、頂戴」

悪びれもせず、うけて、

「はい」

と、すぐ返す。

「つよいの、そちは」

清十郎もまた、すぐあけて、

「も一杯」

「ありがと」

朱実は、下へ置かないのである。杯が小さいと見えて、ほかの大きな杯で酌しても、あッけないくらいなものだった。

体つきでは、十六、七の小娘としか見えないし、まだ男の唇によごされていない唇と、鹿みたいに羞恥みがちな眸をもっているくせに、いったい、この女のどこへ、酒が入ってしまうのだろうか。

「だめですよ、この娘は、お酒ならいくら飲ませたって酔わないんですから。三味線を持たせておくに限るんです」

お甲がいうと、

「おもしろい」

清十郎は、躍起に酌ぐ。

すこし雲ゆきがおかしいぞと懸念して、藤次が、

「どうなすったので。——若先生今夜は、ちと飲け過ぎまする」

「かまわぬ」

凡ではない、案のじょう、

「藤次、わしは今夜は、帰れぬかも知れぬぞ」

と、断って飲みつづける。

「ええ、お泊りなさいませ幾日でも。——ネ、朱実」

と、お甲は、調子づける。

藤次は眼くばせをして、お甲をそっと他の部屋へ拉して行った。——困ったことになったぞと密め声で囁くのである。あの執心ぶりでは是が非でも、朱実になんとか得心させなければ納まるまいが、本人よりは母親であるおまえの考えのほうが肝腎、金のところはどのくらいだと、真面目になってかけ合うのだった。

「さ？……」

と、お甲は暗い中で、厚化粧の頬へ、指をついて考え込む。

「何とかせい」

藤次は、膝をつめ寄せ、

「わるくない話じゃないか、兵法家だが、今の吉岡家には、金はうんとある。先代の拳法先生が、何といっても、永年、室町将軍の御師範だった関係で、弟子の数も、まず天下第一だろう。しかも清十郎様はまだ無妻だし、どう転んだって、行く末わるい話ではないぞ」

「私は、いいと思いますが」

「おまえさえよければ、それで文句のありようはない。じゃあ今夜は、二人で泊るがいいか」

灯りのない部屋である。藤次は臆面もなくお甲の肩へ手をかけた。すると襖のしまっている次の間でがたんと物音がした。

「あ。ほかにも、客がいたのか」

お甲は、黙ってうなずいた。そして藤次の耳へ、湿っぽい唇をつけた。

「後で……」

男女は、さりげなく、そこを出た、清十郎はもう酔いつぶれて横になっている。部屋をわけて、藤次も寝た。——寝つつも眠らずに訪れを待っていたのであろう。しかし、皮肉なことだった。夜が明けても、奥は奥で、ひっそりと寝しずまった限りだし、二人の部屋へは、衣ずれの音もしなかった。

ばかな目を見た顔つきで、藤次はおそく起き出した。清十郎はもう先に起きて川沿いの部屋でまた飲んでいる。——取り巻いているお甲も朱実も今朝は、けろりと冴えていて、

「じゃあ、連れて行ってくださる？　きっと」

と、何か約束している。

四条の河原に、*阿国歌舞伎がかかっている、その評判をもちだしているのだった。

「うむ、参ろう。酒や折詰のしたくをしておけ」

「じゃあ、お風呂もわかさなければ」

「うれしい」

朱実とお甲と、今朝は、この母娘ばかりがはしゃいでいた。

四

出雲巫子の阿国の踊りは、近ごろ、町のうわさを風靡していた。

それを真似て、女歌舞伎というものの、模倣者が、四条の河原に、何軒も掛床をならべ、華奢風流を争って、各〻が、大原木踊りとか、ねんぶつ舞とか、やっこ踊りとか、独創と特色を持とうとしている。

佐渡島右近、村山左近、北野小太夫、幾島丹後守、杉山主殿などとまるで男のような芸名をつけた遊女あがりの者が、男扮装で、貴人の邸へも、出入りするのを見かけられるのも、近ごろの現象だった。

「まだか、支度は」

もう陽は午刻をすぎている。

清十郎は、お甲と朱実が、その女歌舞伎を見にゆくために、念入りなお化粧をしている間に、体がだるくなって、また、浮かない気色になった。

藤次も、ゆうべのことが、いつまでも頭にこびりついていて、彼独特な調子も出ないのである。

「女を連れてまいるもよいが、出際になって、髪がどうの、帯がなんの、あれが、実に男にとっては、小焦れッたいものでござる」

「やめたくなった……」

川を見る。

三条小橋の下で、女が布を晒していた。橋の上を、騎馬の人が通ってゆく。清十郎は、道場の稽古を想い出した。木太刀の音や槍の柄のひびきが耳についてくる。大勢の弟子が、きょうは自分のすがたが見えないのを何といっているだろう。弟の伝七郎もまた舌うちしているに違いない。

「藤次、帰ろうか」

「今になって、左様なことを仰っしゃっては」

「でも……」

「お甲と朱実をあんなに欣しがらせておいて、怒りますぞ。早くせいと、急がせて参りましょう」

藤次は出て行った。

鏡や衣裳の散らかっている部屋をのぞいて、

「あれ？　何処じゃろ」

次の部屋——そこにもいない。布団綿のにおいが陰気に閉まっている陽あたりの悪い一間がある。何気なく、そこも、がらりと開けていた。

いきなり藤次はその顔へ、

「誰だッ」と、怒鳴られて面食らった。

思わずひと足退いて、うす暗い——表の客座敷とは較べものにならない湿々した古畳のうえを見た。いい、やくざな性を遺憾なく身装にあらわした二十二、三歳の牢人者（註・牢ハ淋シムノ意、牢愁ナドノ語アリ。当時ノ古書ミナ牢人ノ文字ヲ用ウレド、後ノ浪人ト同意味ナリ）——が、大刀のつばを腹の上に飛び出させたまま、大の字なりに寝ころんで、汚い足の裏をこっちに向けているのである。

「ア……。これは粗相、お客でござったか」

藤次がいうと、

「客ではないッ」と天井へ向って、その男は、寝たまま怒鳴る。

ぷーんと、酒のにおいが、その体からうごいてくる。誰か知らぬが、触らないにかぎると、

「いや、失礼」

立ち去ろうとすると、

「やいっ」

むックり起きて呼び返した。

「——後を閉めてゆけ」

「ほ」

気をのまれて、藤次が、いわれた通りにしてゆくと、風呂場の次の小間で、朱実の髪をなでつけていたお甲がどこの御寮人かとばかり、こってり盛装したすがたをすぐその後から見せて、

「あなた、何を怒ってるんですよ」

と、これまた、子どもでも叱りつけるような口調でいう。

朱実が、うしろから、

「又八さんも行かない？」

「どこへ」

「阿国歌舞伎へ」

「ベッ」

本位田又八は、唾でも吐くように、唇をゆがめてお甲へいった。

「どこに、女房のしりに尾きまとう客の、そのまたしりに尾いて行く亭主があるかっ」

五

化粧きぬいて、盛装して——女の外出は浮いた感傷に酔っている、それを、掻き乱さ

れた気がしたのであろう。

「何ですって」

お甲は眼にかどを立てた。

「私と藤次様と、どこが、おかしいんですか」

「おかしいと、誰がいった」

「今、いったじゃありませんか」

「…………」

「男のくせに――」

と、お甲は、灰をかぶせたように黙ってしまった男の顔をにらんで、

「嫉いてばかりいるんだから、ほんとに、嫌になっちゃう！」

そして、ぷいと、

「朱実、気ちがいに関ってないで行こう」

又八は、その裳へ、腕をのばした。

「気ちがいとは、何だっ。――良人をつかまえて、気ちがいとは」

「なにさ」

お甲は振り退けて、

「亭主なら、亭主らしくしてごらん。誰に食わせてもらっていると思うのさ」

「な……なに……」

「*江州を出て来てから、百文の金だって、おまえが稼いだことがあるかえ。私と、朱実の腕で暮して来たんじゃないか。――酒をのんで、毎日ぶらぶらしていて、どう文句をいう筋があるえ」

「だ……だから俺は、石かつぎしても、働くといっているんだ。それをてめえが、やれ、まずい物は食えないの、貧乏長屋はいやだのと、自分の好きで、俺にも働かせず、こんな泥水稼業をしているんじゃねえか。――やめてしまえッ」

「何を」

「こんな商売」

「やめたら、あしたから食べるのをどうするのさ」

「お城の石かつぎしても、俺が食わしてみせる。なんだ、二人や三人の暮しぐらい」

「それ程、石かつぎや、材木曳きがしたいなら、自分だけここを出て、独り暮しで土方でも何でもしたらいいじゃないか。おまえさんは、根が*作州の田舎者、そのほうが生れ性に合っているのでしょ。何も無理にこの家にいてくれと拝みはしませんからね、どうか、いやなら何時でもご遠慮なく――」

くやし涙を溜めている又八の眼の先から、お甲も去り、朱実も去った。――そうして二人のすがたが眼の前からいなくなっても、又八は、一方をにらみつけていた。

ぼろぼろと湯のわくように涙が畳へ落ちる。今にして悔やむことはすでに遅いが、関ケ原くずれの身を、あの伊吹山の一軒家に匿まわれたことは、一時は、人の情けの温かさに甘え、生命びろいをした幸運に似ていたが、実はやはり敵の手に擒人となってしまったも同じであった。――正々堂々、敵に捕われて軍門に曳かれた結果と、多情な後家のなぐさみものになって、生涯男がいもなく悶々と陽かげの悩みと侮蔑の下に生きているのと、いったいどっちが幸福であった？――あの人魚を食ったようにいつまでも若くて、飽くなき性の脂と白粉と、虚慢ないやしさを湛えているすべた女に、これからという男の岐れ道をこうされて。

「畜生……」

又八は身をふるわした。

「畜生め」

涙が滲む。骨の髄から泣きたくなる。

なぜ！ なぜ！ おれはあの時宮本村の故郷へ帰らなかったろうか。お通の胸へ帰らなかったか。

あのお通の純な胸へ。

宮本村には、おふくろもいる。分家の聟、分家の姉、河原の叔父貴――みんな温ッたかい！

お通のいる七宝寺の鐘はきょうも鳴っているだろう。英田川の水は今もながれているだろう、河原の花も咲いていよう、鳥も春を歌っているだろう。

「馬鹿。馬鹿」

又八は、自分の頭を、自分の拳で撲った。

「この馬鹿ッ」

六

ぞろぞろと連れ立って、今、家を出かけるところらしい。

お甲、朱実、清十郎、藤次。――ゆうべから流連けの客二人に母娘二人。

はしゃぎ合って、

「ほう、戸外は春だの」

「すぐ、三月ですもの」

「三月には、江戸の徳川将軍家が、御上洛という噂。おまえ達はまた稼げるな」

「だめ、だめ」

「関東侍は遊ばぬか」

「荒っぽくて」

「……お母さん、あれ、阿国歌舞伎の囃子でしょう。……鐘の音が聞えてくる、笛の音も」

「まー―。この娘は、そんなことばかりいって、魂はもう芝居へ飛んでいるのだよ」

「だって」

「それより、清十郎様のお笠を持っておあげ」

「ははは、若先生、おそろいでよう似合いますぞ」

「嫌っ。……藤次さんは」

朱実が後ろを振り向くと、お甲は袂の下で、藤次の手に握られていた自分の手をあわててもぎはなした。

――その跫音や声は、又八のいる部屋のすぐ側を流れて行ったのである。窓一重の往来を。

「…………」

又八の怖い眼が、その窓から見送っていた。青い泥を顔へ塗ったように、押しつつんでいる嫉妬である。

「何だッ」

暗い部屋へ、ふたたび、どかっと坐って、

「――何のざまだっ、意気地なしめ、このざまは、このベソは」

それは自分を罵っているのである。――腑がいない、小癪にさわる、浅ましい――すべて自分に対する自分の憤懣を発している所作なのだった。

「――出ろと、あの女めがいうのだ。堂々と、出て行けばいい。何をこんな家に、こんな歯ぎしり嚙んでまでいなければならない理がある。まだ、俺だって二十二だ。――いい若い者が」

がらんと急に静かになった留守の家で、又八は独りで声を出していった。

「その通りだ、それを」

いても起ってもおれなくなる。なぜだ！　自分にもわからない。混沌と頭がこんがらかるばかりだ。

この一、二年の生活で、頭が悪くなったことを又八は自分でも認めている。たまったものではない、自分の女が、よその男の席へ出てかつて自分へしたような媚態をほかへ売っているのだ。夜も眠れない。昼も不安で外へ行く気も出ない。そしては悶々と、陽かげの部屋で、酒だ、酒である。

あんな年増女に！

彼は忌々しさを知っている。目前の醜いものを蹴とばして、大空へ青年の志望を伸ばすことが、せめて遅くとも、過誤の道をとり返す打開であることもわかっている。

だが……さてだ。

ふしぎな夜の魅惑がそれを引きとめる。どうした粘力だろう。あの女は魔か。――出て行けの、厄介者のと、癇だかく罵ったことばも、深夜になればそれは皆、悪戯ごとのようにあの女の快楽の蜜に変ってしまうのだ。四十に近い年になっても、娘の朱実に劣らない臙脂を紅々と溶かしている唇。

――それもある。また。

いざとなると、此処を出ても、お甲や朱実の目にふれるところで石担ぎをやる勇気も又八は持ち合せていない。こういう生活も五年となれば、彼の体にも怠けぐせが沁みこんでいることは勿論だった。肌に絹を着、灘酒と地酒の飲みわけがつくようになっては、宮本村の又八もはや、以前の質朴や剛毅さのあった土くさい青年とはちがう。殊にまだ二十歳前の未熟なうちから、年上の女と、こういう変則な生活をして来た青春が、いつのまにか、青年らしい意気に欠け、卑屈に萎み、依怙地に歪んでしまったのも、当り前だった。

だが！　だが！　今日こそは。

「畜生、後であわてるな」

憤然と、自分を打って、彼は起った。

七

「出てゆくぞ、おれは」

いってみたところで、家は留守である、誰も止め人はない。

こればかりは遉に離さない大きな刀を、又八は腰にさし、そして独りで唇を噛みしめた。

「俺だって、男だ」

表の暖簾口から大手を振って出ても決して差しつかえないものを、平常の癖である、台所口から汚い草履を突っかけて、ぷいと外へ出た。

出たが——

「さて？」

足がつかえたように、白々と吹く春先の東風の中に、又八は目瞬いていた。

——何処へ行くか？

世間というものが途端に渺茫として頼りない海騒のように思えた。経験のある社会といえば、郷里の宮本村と、関ケ原の戦のあった範囲よりほか知らないのである。

「そうだ」

又八は、また、犬のように台所口をくぐって家の中へ戻った。

「——金を持って行かなければ」

と、気がついたのである。

お甲の部屋へ入った。

手筥だの、抽斗だの、鏡立てだの、手あたり次第に掻き廻してみた。しかし、金はみつからなかった。あらかじめこういう悪心は行き届いている女である。又八は気を挫いて、取りちらした女の衣裳の中へ、がっかり坐り込んでしまった。

紅絹や、西陣や、桃山染や、お甲のにおいが陽炎のように立つ。——今頃は河原の阿国踊りの小屋で、藤次と並んで見ているだろうと、又八はその姿態や肌の白さを眼にえがく。

「妖婦め」

しんしんと脳の髄から滲み出るものは、ただ悔いの苦い思い出だった。

今さらではあるが、痛烈に、思われる人は、故郷元へ捨てたままの許婚——お通であった。

彼は、お通を忘れ得なかった。いや日の経つほど、あの土くさい田舎に自分を待っていてくれた人の清純な尊さがわかって来て、掌を拝せて詫びたいほど恋しくなっていた。

だが、お通とも、今は縁も切れたし、こッちから顔を持ってゆけた義理でもない。

「それも、彼婦のためだ」

今、眼が醒めても遅いが、あの女に、お通という女性が故郷にあることを正直に洩らしたのがわるかった。お甲は、その話を聞く時は、婀娜な笑くぼをたたえて、至って無関心に聞いていたが、心のうちでは深い嫉妬をもったらしく、やがて何かの時に、それを痴話喧嘩にもちだして、何でも縁切り状を書けと迫り、しかも自分の露骨な女文字まで わざと同封して、あの何も知らずにいる故郷のお通へ宛てて、飛脚で出してしまったものである。

「——ああ、どう思ってるだろうなあ？　お通は……お通は」

狂わしく又八は呟いた。

「今頃は？　……」

悔いの瞼に、お通が見える。恨めしげなお通の眼が見える。

故郷の宮本村にも、そろそろ春が訪れていよう。きょうも、なつかしいあの川、あの山々。

又八は、ここから叫びたくなった。そこにいるお母、そこにいる縁者たち、みんな温ッたかい！　土までもぽかぽか温ッたかい！

「二度と、もうあの土は踏めないのだ。――それもみんな、こいつのためだ」

お甲の衣裳つづらを打ちまけて、又八は、手当り次第に引ッ裂いた。裂いては、家中へ蹴ちらかした。

と、――さっきから表の暖簾口で、訪れている者があった。

「ごめん。――四条の吉岡家の使いでござるが、若先生と、藤次殿が参っておりませぬか」

「知らぬっ」

「いや、参っているはずでござる。隠れ遊びの先へ、心ない業とは承知しておりますが、道場の一大事――吉岡家の名にもかかわること――」

「やかましい」

「いや、お取次でもよろしい。……但馬の士宮本武蔵という武者修行の者、道場へ立ち寄り、門弟たちに立ち対える者一人もなく、若先生のお帰りを待とうと、頑として、動かずにおりますゆえ、すぐお帰りねがいたいと」

「な、なにッ、宮本？」

優曇華

一

吉岡家にとって、きょうはなんという悪日か。

この西洞院西ノ辻に、四条道場が創まって以来の汚辱を兵法名誉の家門に塗ったものとして、今日を胆に銘記しなければならない——と、心ある門人たちは、沈痛きわまる面をして、もういつもならそれぞれ黄昏れを見て帰り途へちらかる時刻の道場に、まだ、暗然たる動揺を無言にもって或る群れは板敷きの控えにかたまり、或る群れは一室のうちに、墨のごとく残っていた。一人も帰らずに残っていた。

門前で、駕でも止ったような物音がすると、

「お帰りか」

「若先生か」

人々は、暗い無言をやぶって、立ちかけた。

道場の入口で、憮然と、柱によりかかって立っていた一人が、

「ちがう」

と、首を重く振る。

そのたびごとに、門人たちは、沼のような憂暗にかえった。或る者は、舌うちを鳴らし、或る者は、そばの者に聞えるような嘆息をし、忌々しげな眼を、夕闇の中に、ぎらぎらさせていた。

「どうしたのだ？　いったい」

「きょうに限って」

「まだ若先生の居所はわからんのか」

「いや、手分けして方々へ捜しに走らせているから、もう追ッつけ、お帰りになるだろう」

「ちいッ」

——その前を、奥の部屋から出て来た医者が、黙々と門人たちに見送られて玄関へ出て行った。医者が帰ると、その人たちはまた無言で一室へ退いた。

「燈火をつけるのも忘れていやがる。——誰か、あかりを灯けんのかっ」

と、腹だたしげに呶鳴る者がある。自分たちの汚辱に対して、自分たちの無力を怒る声だった。

道場の正面にある「八幡大菩薩」の神だなに、ぽっと、神あかしが灯った。しかし、その燈明さえ、晃々とした光がなかった。弔火のように眼に映って、不吉な暈がかかっている気がするのである。

——そもそもが、ここ数十年来、吉岡一門というものは、余りに順調でありすぎたのではあるまいか。古い門人のうちでは、そうした反省もしていた。

先代――この四条道場の開祖――吉岡拳法という人物は、今の清十郎やその弟の伝七郎とはちがって、たしかに、これは偉かったに違いない。――根は一介の染物屋の職人に過ぎなかったが、染型をつける紺屋糊のあつかいから太刀使いを発明して、鞍馬僧の長刀の上手に仕いたり、八流の剣法を研究したりして、ついに、一流をたて、吉岡流の小太刀というものは、時の室町将軍の足利家で採用するところとなり、兵法所出仕の一員に加えられるまでになった。

（お偉かったな、やはり）

今の門下も、何かにつけ、追慕するのは、亡き拳法の人間とその徳望であった。二代目の清十郎その弟の伝七郎、共に父に劣らない修業はさずけられていたが、同時に、拳法の遺して行った尠からぬ家産と、名声をもそのまま貰っていた。

（あれが禍いだ）

と、或る者はいった。

今の弟子も、清十郎の徳についているのではない、拳法の徳望と吉岡流の名声についているのである。吉岡で修業したといえば、社会で通りがよいから殖えている門生なのであった。

足利将軍家が亡んだので、禄はもう清十郎の代になってからはなかったが、身に娯みをしなかった拳法の一代に、財産は知らないまにできていた。それに宏壮な邸はあり、弟子の数は何といっても、日本一の京都において、随一といわれるほどあって、その内容はともかく、外観では、剣をつかい剣に志す社会を風靡している。

――が、時代はこの大きな白壁の塀の外において、塀の内の人間が、誇ったり、慢じ合ったり、享楽したりしている数年の間に、思い半ばに過ぎるような推移をとげていた。

それが、きょうの暗澹たる汚辱にぶつかり慢心の眼がさめる日となってきたのだ。

――宮本武蔵という、まだ聞いたこともない田舎者の剣のために。

二

事件の起りはこうである。

――作州吉野郷宮本村の牢人宮本武蔵という者ですが。

と、今日玄関へ来て訪れた田舎者があるという取次の言葉であった。居合わせた連中が興がって、どんな男かと訊ねると、取次のいうには、年の頃はまだ二十一か二、背は六尺に近く、暗やみから曳きだした牛のようにぬうとしている、髪は一年も櫛など入れたことがないらしく赤くちぢれたのを無造作に束ね、衣服などは、無地か小紋か、黒か茶か、分らないほど雨露に汚れていて、気のせいか臭いような気さえする。それでも背中には、俗に武者修行袋とよぶ紙撚網に渋をひいて出来ている重宝包みを斜めに背負いこんでいる所、やはり近頃多い武者修行を以て任じているらしくあるが、何としても間が抜けた若者だ――ということであった。

それもいい。お台所で一食のおめぐみにとでもいうことか、この広大な門戸を見て、門人もあろうに当流の吉岡清十郎先生に試合をねがいたいという希望だと聞いたから、門人たちは吹きだしてしまった。追ッ払え、という者もあったが、待て待て何流で誰を師にして学んだか訊いてやれという者もあって、取次が面白半分に往復すると、その返辞がまた振っている。

――幼少の時、父について十手術を習いました。それ以後は、村へ来る兵法者について、誰彼となく道を問い、十七歳にして、郷里を出、十八、十九、二十の三ヵ年は故あって学問にのみ心をゆだね、去年一年はただ独り山に籠って、樹木や山霊を師として勉強いたしました。されば自分にはまだこれという師もなく流派もありません。将来は、鬼一法眼の伝を汲み、京八流の真髄を参酌して、吉岡流の一派をなされた拳法先生のごとく、自分も至らぬ身ながら一心に励んで、宮本流を創てたいのが望みでございます。

と、いかにも世間摺れない正直さはあるが、訛りのある廻らぬ舌で、咄々と答えたといって、取次が、またその口真似をして伝えたので、さあみんな、再び笑いこけてしまった。

天下一の四条道場へ、のそのそやって来るのさえ、既によほど戸惑った奴でなければならんのに、拳法先生のごとく一流を創てたいなどとは、身のほど知らずも、ここまでになれば珍重してよろしい。いったい、死骸の引取人はあるのかないのか聞いて来い

と、さらに、からかい半分に取次へいってやると、

（死骸の儀なれば、万一の場合は鳥辺山へお捨て下さろうとも、加茂川へ芥と共にお流し下さろうとも、決して、おうらみには存じませぬ）

と、これはぬうとしているに似げないさッぱりした返辞だという。

（上げろ）

と一人が口を切ったのが始まりであった。道場へ通して、片輪ぐらいにして抛り出すつもりであったのだ。ところが、最初の立合いに、片輪は道場側の方に出来てしまった。木剣で腕を折られたのだ、折られたというより捥がれたといったほうがあたっている。皮膚だけで手首がぶら下がっているほどな重傷だった。

次々に立ち上がった者が、ほとんど同様な重傷を負うか惨敗を舐め尽してしまったのである。木剣とはいえ床には血さえ滴った。凄愴な殺気はみなぎって、たとえ吉岡の門人が一人のこらず斃れるまでも、この無名の田舎者に誇りを持たせたまま生かして帰すことはならなくなった。

（――無益であるからこの上は清十郎先生に）

と当然な乞いのもとに、武蔵はもう立たないのであった。やむなく、彼には一室を宛てがって待たせておき、清十郎の行く先へは使いを走らせ、一方では医者を迎えて、重体の傷負い数名を、奥で手当てしていた。

その医者が帰ると間もなく、燈火のついた奥の部屋で傷負いの名をよぶ声が二、三度

聞えた。道場の者が、駈け寄ってみると、そこに枕をならべている六名の者のうちで、二人はもうこときれて死んでいた。

三

「……だめか」

死者の枕元をかこんだ同門の者たちの顔は、一様に蒼くにごって、重くるしい息をのんだ。

そこへ、あわただしい跫音が、玄関から道場へ通り、道場から奥へ入って来た。

祇園藤次を連れた吉岡清十郎であった。――

二人とも、水から上がって来たような醒めた顔いろを湛えていた。

「どうしたのだ！　この態は」

藤次は吉岡家の用人格でもあり、また道場では古参の先輩でもあった。従ってその言葉つきは場合にかまわず、いつも権柄であった。

死人の枕元で、涙ぐんでいた多感らしい門人が、途端に憤ッとした眼を上げて、

「何をしていたとはあなたがたのことだ。若先生を誘惑いあるいて、馬鹿も程にしたがよいッ」

「何だと」

「拳法先生のご在世中には、一日たりとも、こんな日はなかったんだぞ！」

「たまたまのお気ばらしに、歌舞伎へお出でになったくらいのことが、なんで悪いか。若先生をここにおいて、なんだその口は。出過ぎ者め」

「女歌舞伎は、前の晩から泊らなければ行けないのか。拳法先生のお位牌が、奥の仏間で、泣いてござるわっ」

「こいつ、いわしておけば」

その二人をなだめて別室へ分けるために、そこはしばらくががやがやしていた。――すると、直ぐ隣室の暗やみで、

「……や……やかましいぞっ……人の苦痛も知らずに……ウーム……ウーム」

呻く者があると思うと、

「そんな内輪喧嘩より、若先生が帰って来たなら、早く、今日の無念ばらしをしてくれっ。……あの……奥に待たせてある牢人めを、生かして、ここの門から出しては駄目だぞっ。……いいかっ、たのむぞ」

蒲団のうちから、畳をたたいて喚いている者もある。

死に至るほどではなかったが、武蔵の木剣の前に立って、脚や手を打ち砕かれた怪我人組の、それは興奮であった。

（そうだ！）

誰もが、叱咤された気がした。今の世の中で農、工、商のほかに立つ人間が、最も日常に重んじあっているものは「恥」ということだった。恥と道づれなれば、いつでも死

のうとこの階級は競う気持すらあった。時の司権者は、軍にばかり追われて来たので、まだ天下に泰平を布く政綱もなかったし、京都だけの市政にしてからずいぶん不備で大ざっぱな法令で間にあわせられているのであるが、士人のあいだに、恥辱を重く考えるという風がつよいので、百姓にも町人にも、自らその意気が尊ばれ、社会の治安にまで及ぼしているので、法令の不完全も、こういう市民の自治力で償われて余りあるのであった。

吉岡一門の者にしても、まだその恥を知ることにおいては、決して、末期の人間のような厚顔は持たなかった。一時の狼狽と、敗色から甦ると、すぐ恥というものが頭へいっぱいに燃えた。

(師の恥)

とばかり、小我を捨てると、一同は道場に集まった。

清十郎を取り巻いてである。

だが、その清十郎の面は、きょうに限って、ひどく闘志がない。ゆうべからのつかれが、今になって眉にただよっていた。

「――その牢人者は」

清十郎は、革だすきをかけながら訊ねた。門人の出した二本の木剣を選んで、その一本を右手に提げた。

「お帰りを待とうという彼奴のことばにまかせて、あの一室に、控えさせてあります」

と、一人が庭に向っている書院脇の小部屋を指した。

四

「——呼んで来い」

清十郎の乾いた唇から出た言葉である。

挨拶をうけてやろうというのだった。道場から一段高い師範の座に腰をかけ、木剣を杖に立って、清十郎はいった。

「は」

三、四人が答えて、すぐ道場の横から草履を穿き、庭づたいに、書院の縁へ走ろうとするのを、祇園藤次や植田などの古参が、その勢い込む袂をつかまえて、

「待て待て、逸まるな」

それからの囁きは、すこし離れて見ている清十郎の耳には聞えなかった。吉岡家の家人、縁者、古参を中心として、一かたまりになりきれない程なあたま数が、幾組にもわかれて、額をよせ集め、何か、異論と主張と、評議紛々たるものがあった。

——が、相談はすぐ決まったらしい。吉岡家を思い、清十郎の実力をよく知る大勢の者の考えとして、奥に待っている無名の牢人を呼び出して、ここで無条件に清十郎へ立ち対わせることは、何としても不得策である。すでに、幾名かの死者と怪我人を出している上に、万一清十郎までが敗れたら吉岡家の重大事であって、危険極まるというの

が、その人たちの危惧であった。

清十郎の弟、伝七郎がいるならば、そういう心配はまずないものと人々は思う。ところが生憎とその伝七郎までが、きょうは早朝からいないのだ、先代拳法の天分は、兄よりはこの弟のほうに多分によい質があると人々は見ているのだが、責任のない次男坊の立場にあるので、至って暢気者だ。きょうも友達と伊勢へ行くとかいって、帰る日も告げずに家を出ているのだった。

「ちょっと、お耳を」

藤次はやがて、清十郎のそばへ行って、何か囁いていた。——清十郎の面は堪え難い辱しめをうけたように汚れた。

「——騙し討ちに？」

「…………」

叱っと、藤次は眼をもって、清十郎の眼を抑えた。

「……そんな卑怯なことをしては、清十郎の名が立たぬ。たかの知れた田舎武芸者に、怖れをなして、多勢で打ったと世間にいわれては」

「ま……」

藤次は、強いて毅然と装う清十郎のことばへ圧しかぶせて、

「吾々にまかせて下さい。吾々の手に」

「そち達は、この清十郎が、奥にいる武蔵とやらいう人間に、敗けるものと思うている

のか」

「そういう理ではありませぬが、勝って、名誉な敵ではなし、若先生が手を下すには、勿体ない、と一同が申すのでござる。——何も外聞にかかわるほどなことでもありますまい。……とにかく生かして返しては、それこそ、御当家の恥を、世間に撒きちらされるようなものですからな」

そんなことをいっている間に、道場に充ちている人間は、半数以上も減っていた。——庭へ、奥へ、また玄関から迂回して裏門のほうへと、蚊の立つように音もなく闇へ紛れてゆくのであった。

「あ。……もう猶予はなりません、若先生」

藤次は、そこの灯を、ふっと吹き消してしまった。——そして下緒を解いて袂をからげた。

清十郎は腰かけたままながめていた。ほっとした気持がどこかでしないでもない。しかし、決して愉快ではなかった、自分の力が軽視された結果にほかならないのだ。父の死後、怠って来た修業のあとを省みて、清十郎は暗い気持だった。

——あれほどな門下や家人が、どこへ潜んでしまったか、道場には、もう彼一人しか残っていなかった。そして、井戸の底に似た物音のない暗さと冷たさが、邸のうちを占めた。

——じっとしていられないものが、清十郎の腰を起たせた。窓からのぞいてみると、灯の色が映しているのは、武蔵という客を待たせてある一室だけで、そのほかに何物も見えなかった。

五

障子のうちの燈火は、時々、静かな瞬きをしていた。縁の下、廊下、隣の書院など、その仄かな灯影のゆれている一室の他は、すべて暗かった。徐々と、無数の眼が、蟇のようにその闇を這い寄っていた。息をころし、刃を伏せて、

「…………」

じっと、燈火のさす内の気はいを、身体じゅうで訊き澄ます。

（はてな？）

藤次は、ためらった。

他の門人たちも、疑った。

――宮本武蔵とやら、名まえこそ都で聞いたこともない人間だが、とにかくあれほどつかう腕の持主である。それが、しいんとしているのはどういうものだろう、多少なり兵法に心をおく人間ならば、いくら上手に忍び寄ろうが、これだけの敵が室外に迫って来るのを気づかずにいるはずはない。今の世を兵法者で渡ろうという者が、そんな心がまえであったら、月に一ツずつ生命があっても足らないことになる。

――（寝ているな）

一応は、そう考えられた。

かなり長い時間であったから、待ちしびれを切らして、居眠っているのではあるまいかと。

だが、思いのほか相手が曲者とすると、或は、こっちの空気を早く察しながら、襷股立ちの身ごしらえまで十分にしておいて、わざと燈心の丁字を剪らずに、来らば――と鳴りをひそめているのかもわからない。

（そうらしい……いや、そうだ）

どの体も硬ばってしまう。自分の殺気でまず自分が先に打たれているのだ。誰か先に捨て身にならないかと味方のほうへも気を配るのである。ゴクリと喉の骨が鳴ったりする。

「宮本氏」

ふすま隣から、藤次が気転でこう声をかけた。

「――お待たせいたした。ちょっと、お顔を拝借ねがいたいが」

相変らずしいんとしたものである。いよいよ敵には用意がある。藤次はそう考えて、

（抜かるな！）

と、眼合図を左右の者に投げておいて、どんと、襖の腰を蹴った。

途端に、中へ躍りこむはずの人影が、無意識にみな身を退いた。――襖の一枚は脚を

外して閾から二尺ほど股をひらいている。それッと、誰か叱咤した。四方の建具がぐわらぐわらと一度に鳴りを立てて暴れた。

「やっ？」

「いないぞっ」

「いないじゃないか」

急に強がった声が揺れている燈火の中で起った。つい今し方、ここへ燭台を門人が運んで来た時はまだきちんと坐っていたというその敷物はある、火桶はある、また飲まないまま冷えている茶もあるのだ。

「逃がした」

一人が縁へ出て庭へ伝える。

庭の暗がりや床下から、むらむら寄って来た人影が皆、地だんだを踏み、見張人の不注意を罵った。

見張をいつかっていた門人たちは、口を揃えて、そんなはずはないという。いちど厠へ立つ姿は見たが、すぐ部屋へもどったきり、武蔵は断じてこの部屋を出ていないといって不審かる。

「風ではあるまいし……」

その抗弁を嘲殺していると、

「あっ、ここだ」

戸棚へ首を突っこんだ者が、剝がれている床の穴を指さした。

「燈火がついてからといえば、まだそう遠くへは走っていないぞ」

「追え、追打ちに」

敵の弱身を測って急に奮いだした武者ぶるいが、小門、裏門をどっと押して、外へ散らかった。

すると直ぐ――いたッと叫ぶ声がながれた。表門の袖塀の蔭から弾かれたように一つの影が、往来を横ぎって向うの小路へ隠れたのを、声と共に、誰も見た。

六

まるで脱兎の逃げ足だった。突当りの築土を、その男の影は蝙蝠のように掠めて、横へ外れた。

大勢のみだれた跫音が、あッちだこッちだと、その後から追い捲くって行く、前へもまわってゆく。

空也堂と本能寺の焼け跡とが道路を挟んでいる薄暗い町まで来ると、

「卑怯者」

「恥知らずが」

「よくも、よくも、最前は」

「さあ、もどれ」

捕まえたのだ。ひどい乱打と足蹴の下に、捕われた男は大きな呻きを発したが、それが逃げるだけ逃げ廻っていたこの人間の猛然と立ち直った挑戦であったとみえ、中の襟がみを取って曳きずるように踏ン張っていた二、三名の者は同時に大地へたたきつけられていた。

「あっ」

「こいつがッ」

すでに血になろうとするその旋風へ、

「待った、待った！」

「人違いだ」

誰からともなく叫び出した。

「やっ、なるほど」

「武蔵じゃない」

唖然として気抜けしている所へ遅れ走せに加わった祇園藤次が、

「捕まえたか」

「捕まえることは捕まえたが……」

「オヤ、その男は」

「ご存知か」

「よもぎの寮という茶屋の奥で――。しかも今日、会ったばかり」

「きょう道場へ来た武蔵とかいう者は、幾歳くらいの男でした」

　足を止めると、又八のほうからも足を運んで、

　最後の一人が、

「なんだ」

　と、呼びとめた。

「あ、もしっ、しばらく」

　又八は本能寺の大溝へ向いて、黙然と首を垂れていたが、わらわら駈け去ってゆく跫音へ、何思ったか、

「そうだ、宿を突きとめろ」

「そんな者にかまっていては、相手の武蔵を逸してしまう。早く手分けをして、せめて、彼の泊っている宿先でも」

　藤次は、急に足を移して、

「うさんな奴だ。何だって、御門前にたたずんで、覗き込んでなどおったのか」

「いや亭主ではないと、あそこの内儀がいった、懸人だろう」

「茶屋の亭主？」

　まで撫でまわして、

　いぶかしげに見る大勢の眼が、黙然と、こわれた髪や衣紋を直している又八の足の先

「ほ？……」

「年などはしらん」

「てまえと、同年くらいじゃございませんか」

「ま、そんなものだ」

「作州の宮本村と申しましたか、生国は」

「左様」

「武蔵とは、武蔵と書くのでございましょうな」

「そんなことを訊いてどうするのだ。そちの知人か」

「いえ、べつに」

「用もない所をうろついていると、また、今のような災難にあうぞ」

いい捨てると、その一人も闇へ駈け去った。又八は、暗い溝に沿って、とぼとぼ歩きだした。時々、星を仰いでは立ちどまっている。何処へという目的もないような容子なのである。

「……やっぱり、そうだった。武蔵と名をかえて、武者修行に出ているとみえる。……今会ったら、変っているだろうな」

両手を、前帯へ突っこんで、草履の先で石を蹴る。その石の一つ一つに、彼は友達の顔を、眼にえがいた。

「……間がわるいな、どう考えても、今会うのは面目ない。おれにだって、意地はある。あいつに見蔑げられるのは業腹だ。……だが吉岡の弟子たちに見つかったら生命はあるまい。……何処にいるのか、知らしてやりたいものだが」

坂

一

石ころの多い坂道に沿い、行儀の悪い歯ならびのように、苔の生えた板庇が軒を並べていた。

くさい塩魚を焼くにおいがどこかでする。午ごろの陽ざしが強い、不意に、一軒のあばら屋のうちで、

「嬶や餓鬼を、乾ぼしにしておいて、どの面さげて帰って来たかっ、この呑ンだくれの、阿呆おやじがっ」

癇だかい女の声が聞え、それとともに一枚の皿が往来へ飛んで来て、真ッ白に砕けたと思うと、つづいて五十ぢかい職人ていの男が、抛り出されたように転び出した。

裸足で、ちらし髪で、牝牛のような乳ぶさを胸からはだけ放している女房が、

「この、ばかおやじ、何処へ行くっ」

飛び出して来て、おやじの髷をつかみ、ぽかぽかと撲る、喰いつく。

火のつくように子は泣いている。犬はきゃんきゃんいう、近所からの仲裁が駈けて出

る。

――武蔵は振り向いた。

笠の裡で、苦笑して見ていた。彼は、先刻からその軒つづきの陶器師の細工場の前に立ち、子供のように何事も忘れて、轆轤や箆の仕事に見恍れていたのであった。

「………………」

ふり向いた眼はまたすぐ細工場のうちへ戻っている。武蔵は、見とれていた。しかし、そこで仕事をしている二人の陶器師は、顔も上げなかった。粘土の中にたましいが入っているように、三昧になりきっていた。

路傍にたたずんで見ているうちに、武蔵は、自分もその粘土を捏ねてみたくなった。彼には、何かそういうことの好きな性質が幼少い時からあった。――茶碗くらい出来るような気がする。

だが、その一人のほうの六十ぢかい翁が、箆と指のあたまで、今、一個の茶碗になりかけている粘土をいじっているのを見ると、武蔵は、自分の不遜な気持がたしなめられた。

(これは、たいへんな技だ、あれまで行くには)

このごろの武蔵の心には、ままこういう感動を抱くことがあった。人の技、人の芸、何につけ優れたものに持つ尊敬である。

(自分には、似た物もできない)

はっきりと今も思う。見れば、細工場の片隅には、戸板をおいてそれへ皿、瓶、酒盃、水入れのような雑器に、安い値をつけて、清水詣での往来の者に傍ら売っているのである。――これほどな安焼物を作るにも、これほどな良心と三昧とをもってしているのかと思うと、武蔵は自分の志す剣の道が、まだまだ遠いものの気がした。

――実は、ここ二十日あまり、吉岡拳法の門を始め、著名な道場を歩いてみた結果、案外な感じを抱き、同時に自分の実力が、自分で卑下しているほど拙いものではないという誇りも大いに持っていた折なのである。

府城の地、将軍の旧府、あらゆる名将と強卒のあつまるところ、さだめし京都にこそは、兵法の達人上手がいるだろうと思って訪れて行って、その床に心から礼儀を施して帰るような道場が、一軒でもあったろうか。

武蔵は、勝っては、その度に、淋しい気もちを抱いて、そこらの兵法家の門を出た。

（俺が強いのか、先が弱いのか）

彼にはまだ、判然としない。もし今日まで歩いて来たような兵法家が、今の代表的な人々だとしたら、彼は、実社会というものを疑いたいと思った。

しかし――

うっかり、それで思い上がることは出来ないぞということを、彼は今、見せられていた。わずか二十文か百文の雑器を作る翁にさえ、じっと見ていると、武蔵は、怖いような三昧境の芸味と技を感じさせられる。――それで生活を見れば食うや食わずの貧しい板屋囲いではないか。社会がどうして甘いものであろうはずはない。

「…………」

武蔵は、だまって、心のうちだけで、粘土(つち)まみれの翁に、頭を下げてそこの軒を離れた。坂を仰ぐと清水寺の崖道が見える――

二

「御牢人。――御牢人」

三年坂を、武蔵が登りかけた時である。誰か呼ぶので、

「わしか」

振り向いてみると、竹杖一本手に持って、空脛(からすね)に腰(こし)きりの布子一枚、髯(ひげ)の中から顔を出しているような男、

「旦那は、宮本様で」

「うむ」

「武蔵とおっしゃるんで」

「む」

「ありがとう」

尻を向けると、男は茶わん坂の方へ、降りて行った。

見ていると、茶店らしい軒へ入った。その辺には、今のように駕かきが、陽なたに沢

山群れていたのを、武蔵も今しがた見て通って来たのであるが、自分の姓名を訊ねさせたのは一体誰なのか。

——次には、その本人が出て来るであろうと、しばらく佇んでいたが、何者も見えない。

彼は、坂を登りきった。

千手堂とか、悲願院とか、その辺りの棟を一巡して、武蔵は、

（故郷に独りいる姉上の息災をまもらせたまえ）

と祈り、

（鈍愚武蔵に、苦難を与えたまえ、われに、死を与えたもうか、われに天下一の剣を与えたまえ）

と、祈った。

神、仏を礼拝した後は、何かすがすがと洗ったような心になることを、彼は沢庵から無言に教えられ、その後、書物による知識のうらづけも持っていた。

崖のふちに、笠を捨てる。笠のそばへ腰を投げた。

京洛中は、ここから一望だった。膝を抱いている身のそばには、土筆があたまをそろえていた。

（偉大な生命になりたい）

単純な野望が、武蔵の若い胸を膨らませた。

（人間と生れたからには――）

うららかな春のそこここを歩いている参詣人や遊山の客とは、およそ遠い夢を武蔵はそこで描いているのだった。

天慶の昔――つくり話にちがいないが――平の将門と藤原純友というどっちも野放しの悍馬みたいな野望家が、成功したら日本を半分わけにしようと語り合ったとかいう伝説を――彼は何かの書物で見た時は、その無智無謀が、よほどおかしく感じられたものだが、今の自分にも、笑えない気がした。それとは違うが、似た夢をおもう。青年だけが持ちうる権利として、かれは彼の道を創作するように夢みていた。

（信長は――）

と考える。

（秀吉だって）

と、思う。

だが、戦乱は、もう過去の人の夢だった。時代は久しく渇いていた平和をのぞんでいる。その待望へこたえた家康の長い長い根気を考えると、正しく夢をもつことも難しいなと思う。

だが。

慶長何年というこの時代は、これからという生命を持って、おれは在るのだ。信長を志してはおそいだろうし、秀吉のような生き方を目がけてはむりであろうが。――夢を持てだ、夢を持つことには、誰の拘束もない。今去った駕かきの子でも、夢を持てる。

だが――と、武蔵はもういッぺんその夢を頭の外へおいて、考え直してみる。

剣。

自分の道は、それにある。

信長、秀吉、家康もいい。社会はこの人々が生きて通った傍らで旺な文化と生活をとげた。しかし、最後の家康は、もう荒っぽい革新も躍進も必要としないまでの仕上げをやってしまった。

こう見ると、東山から望むところの京都は、関ケ原以前のように、決して風雲は急でないのであった。

（ちがっている。――世の中はもう、信長や秀吉を求めた時勢とはちがっているのだ）

武蔵は、それから、

剣とこの社会と。

剣と人生と。

何でも、自分の志す兵法に自分の若い夢を結びつけて、恍惚と、思い耽っていた。

すると、先刻の木像蟹のような駕かきが、再び崖の下に、顔を見せ、

「や。あそこにいやがる」

と、竹杖で、武蔵の顔を指した。

三

武蔵は、崖の下をにらみつけた。

駕かきの群れは、下で――

「おや、睨めつけやがった」

「歩きだしたぞ」

と、騒ぐ。

ぞろぞろ崖を這って尾いて来るし、気にしまいとして、歩み出せば、前にも同類らしい者が、腕ぐみしたり、竹杖をついたり、遠巻きに立ちふさぐ形をとる。

武蔵は足をとめた。

「…………」

彼が、振向くと、駕かきの群れも足をとめ、そして、白い歯を剝いて、

「あれ見や、額なんか見ていやがる」

と笑う。

本願堂の階前に立って武蔵は、そこの古びた棟木に懸かっている額を仰いでいるのである。

不愉快だ、よほど、大声で一つ呶鳴ってやろうかとは思うが、駕かきを相手にしてもつまらないし、何か間違いならそのうちに散ってしまうであろうと怺えて、懸額の「本

願」の二文字を、なお、じっと仰いでいると、

「あ。——お出でなすった」

「ご隠居様がお見えだ」

と、駕かきたちが、ささやき合って遽に色をなし始めた。

ふと見ると！

もうその頃は、この清水寺の西門のふところは、人でいっぱいだった。参詣人や、僧や、物売りまで何事かと眼をそばだてて武蔵を遠く取り巻いている駕かきの背後を、また二重三重に囲んで、これからの成り行きに、好奇な眼を光らせているのである。

ところへ——

「わッしゃ」

「おっさ」

「わっしゃ」

「おッさ」

三年坂の坂下と思しき辺りから威勢のよい懸け声が近づいて来たのである。と思うと間もなく、境内の一端にあらわれたのは、一人の駕かきの背中に負ぶさった六十路とも見える老婆だった。——そのうしろには、これも五十をとうに越えている——、余り颯爽としない田舎風の老武士が見えた。

「もうええ、もうええ」

老婆は、駕かきの背で、元気のよい手を振った。

駕かきが、膝を折って地へしゃがむと、

「大儀」

と、いいながら、ぴょいと背中を離れて、うしろの老武士へ、

「権叔父よ、抜かるまいぞ」

と、意気込みをふくんでいう。

お杉ばばと淵川権六なのである。二人とも、足ごしらえから身支度まで、死出の旅路を覚悟のようにかいがいしくして、

「何処にじゃ」

「相手は」

と、刀の柄に湿りをくれながら、人垣を割って入った。

駕かき達は、

「ご隠居、相手はこちらでございます」

「お急ぎなさいますなよ」

「なかなか、敵は、しぶとい面をしておりますぜ」

「十分、お支度なすッて」

と、寄り集って、案じたり、宥わったりする。

見ている人々は驚いた。

「あのお婆さんが、あの若い男へ、果し合いをしようというんでしょうか」

「そうらしいが……」

「助太刀も、よぼよぼしている。何か理があるんでしょうな」

「あるんでしょうよ」

「あれ、何か、連れの者へ怒ッていますぜ。きかない気の老婆もあるものだ」

お杉ばばは今、駕かきの一人が、何処からか駈け足で持ってきた竹柄杓の水をごくりと一口飲んでいた。それを、権叔父へ渡して、

「――何を、あわてていなさるぞ。相手は、多寡の知れた鼻たれ小僧、少々ぐらい、剣のつかいようを学んだとて、程が知れておるわいの。気を落ちつけなされ」

――それから。

自分が先に立って、本願堂の階段の前にすすみ、ぺたりと坐りこんだと思うと、懐中から数珠を取り出して、彼方に立っている当の相手の武蔵もよそに――また大勢の環視をよそに――ややしばらく何か口のうちで禱っていた。

四

お杉ばばの信仰をまねて、権叔父も掌をあわせた。

悲壮を過ぎて、滑稽を感じたのであろう、群衆はそれを見ると、クスリと笑った。

「誰だい、笑うやつは」

駕かきの一人が、それへ向って、怒るように呶鳴った。

「――何がおかしいんだ、笑いごッちゃねえぞ、このご隠居様は、遠い作州から出て来なすって、自分の息子の嫁を奪って逃げた野郎を討つために、先ごろからこの清水寺へ日参をしておいでなさるんだ。――きょうがその五十幾日目で、計らずも、茶わん坂で――そこにいる野郎よ――その相手の野郎が通るのを見つけたンだ」

こう一人が説明すると、また一人が、

「さすがに侍の筋というものは、違ったもんじゃねえか、あの年でよ、故郷にいれば、孫でも抱いて、楽なご隠居でいられる身を、旅に出て、息子のかわりに、家名の恥を雪ごうッていうんだから、頭が下がらあ」

――すぐほかの者がまた、

「俺たちだって、何もご隠居から毎日、酒代をいただいているからの、ごひいきになっているからのと、そんなケチな量見で加勢するわけじゃねえ。――あの年で、若い牢人を相手に、勝負しようっていう心根が、堪らねえんだ。――弱いほうにつくのは人情、当りめえだろう。もし、ご隠居のほうが負けたら、おれたち総がかりであの牢人へ向うよ、なあみんな」

「そうだとも」

「老婆を討たせて堪るものか」

駕かき達の説明を聞くと、群衆も、熱をおびて、騒めきだした。

「やれ、やれ」

と、けしかける者もあるし、

「——だが、婆さんの息子はどうしたんだ」

と、訊ねる者もある。

「息子か」

それは駕かきの仲間は誰も知らないらしく、多分死んでしまったのだろうという者もいるし、いやその息子の生死も旁々さがしているのだと識ったふうに説いている者もある。

——その時、お杉ばばは、数珠をふところへしまっていた。駕かきも群衆も、同時に、ひっそりした。

「——武蔵！」

ばばは、腰の小脇差へ左の手を当てて、こう呼びかけた。

先刻から武蔵はそこに黙然と立っていた。——およそ三間ほどの距離をおいて——棒のように立っていた。

権叔父も、隠居のわきから、足構えして、首を前へ伸ばし、

「やいっ」

と、呼ぶ。

「…………」

武蔵は、答える言葉も知らないもののようだった。

姫路の城下で、袂をわかつ時に沢庵から注意された記憶は今思い出されたが、駕かき達が、群衆へ向っていいふらしていた言葉は、心外にたえない。

そのほか、その以前から、本位田一家の者に、恨みとして含まれていることも、自分にとってはそのまま受けとりにくいものである。

——要するに、せまい郷土のうちの面目や感情にすぎないのだ。本位田又八がここにいさえすれば明らかに解けることではないかと思う。

しかし武蔵は今は当惑していた。——この目前の事態をどうするかである。このよぼよぼな婆と老い朽ちた古武者の挑戦に、彼は、殆ど当惑する。——じっと守っている無言は、唯、迷惑きわまる顔でしかなかった。

駕かきどもは、それを見て、

「ざまをみろ」

「竦んでしまやがった」

「男らしく、ご隠居に、討たれちまえ」

と、口ぎたなく、応援する。

お杉ばばは、癇のせいか、眼をバチバチとしばたたいて、強く顔を振った。——と思うと、駕かきどもを振り向いて、

「うるさいッ、お汝らは、証人として立会うてくれれば済む。——わしらが二人討たれ

たら、骨は、宮本村へ送ってくだされよ。頼んでおくはそれだけじゃ。そのほかは、いらざる雑言、助太刀無用になされ」

と、小脇差の鍔をせり出して、さらに一歩、武蔵をにらんで、前へ出た。

五

「武蔵っ――」と、ばばは、呼び直した。

「汝れは元、村では武蔵といい、この婆などは、悪蔵と称んでいたものじゃが、今では、名を変えているそうじゃの、宮本武蔵と。――えらそうな名わいの。……ホ、ホ、ホ」

と、皺首を振って、まず、刀を抜く前に、言葉から斬ってかかった。

「――名さえ変えたら、この婆にも、捜し当てられまいと思うてかよ！　浅慮な！　天道様は、この通り、おぬしが逃げ廻る先とても照らしてござるぞよ。……さ、見事、婆の首取るか、おぬしが生命をもらうか、勝負をしやれ」

権叔父も、次に、皺がれ声をしぼった。

「汝れが、宮本村を逐電して以来、指折り数うればもう五年、どれほど捜すに骨を折ったことか。清水寺へ日参のかいあって、ここでわれに会うたることのうれしさよ。老いたりといえども淵川権六まだまだ、汝れが如き小僧におくれは取らぬ。さあ、覚悟」

ぎらりと、太刀を抜いて、

「婆、あぶないぞや。うしろへ避けておれ」

と、庇うと、

「なにをいう！」

ばばは、却って権叔父を叱咤し、

「おぬしこそ、中風を病んだ揚句じゃによって、足もとを気をつけなされ」

「なんの、われらには、清水寺の諸菩薩が、お護りあるわ」

「そうじゃ権叔父、本位田家のご先祖さまも、うしろに助太刀していなさろう。怯むまいぞ」

「――武蔵っ、いざッ」

「いざッ」

二人は遠方から切っ先をそろえてこう挑んだ。しかし、当の武蔵は、それに応じて来ないのみか、唖のように沈黙しているので、お杉ばばは、

「怯じたかよッ！　武蔵っ」

ちょこちょこと、横のほうへ駈け廻って斬り入ろうとしたのである。ところが、石にでも躓いたとみえ、両手をついて、武蔵の足もとへ転んでしまったので、

「あっ、斬られるぞ」

周囲の人垣が、俄然、噪ぎ立って、

「早く、助けてやれっ」

叫んだが、権叔父すら度を失って、武蔵の顔を窺がっているにとどまる。

——だが気丈な婆だ。抛り出した刀を拾って持つと、自分で起き上がり、権叔父のそばへ跳んで返って、すぐ構えを武蔵に向け直した。

「阿呆よッ、その刀は、飾りものか、斬る腕はないのか！」

仮面のように無表情であった武蔵は、初めて、その時、

「ないっ」

と、大きな声でいい放った。

そして、彼が歩き出して来たので、権叔父と、お杉ばばは、両方へ跳びわかれ、

「ど、どこへ行きやる、武蔵ッ——」

「ないっ」

「待ていっ、汝れ、待たぬかよ！」

「ない」

武蔵は、三度も同じ答えを投げた。横も向かないのである。真っ直に、群衆の中を割って歩み続けた。

「それ、逃げる」

隠居が、あわてると、

「逃がすな」

駕かき達は、どっと、駈け雪崩れて、先廻りに、囲みを作った。

「……あれ？」

「おや？」

囲いは作ったが、もうその中に、武蔵はいなかった。

——後で。

三年坂や茶わん坂を、ちりぢりに帰る群衆のうちで、あの時、武蔵のすがたは、西門の袖塀の六尺もある築土へ、猫のように跳び上がって、すぐ見えなくなったのだ——と取沙汰する者もあったが、誰も信じなかった。権叔父やお杉ばばは、なお信じるはずもない。御堂の床下ではないか、裏山へ逃げたのではないかと、陽の暮れるまで、狂奔していた。

河っ童

一

どすっ、どすっ……と藁を打つ鈍い杵の音が細民町を揺すっている。雨はそこらの牛飼の家や、紙漉きの小屋を秋のように、腐らせていた。北野も、この辺は場末で、黄昏れとなっても、温かい炊飯の煙がただよう家は稀れだ。

き、ち、ん。

と笠へ仮名で書いたのが軒端にぶら下げてある、そこの土間先につかまって、

「爺さん！　旅籠の爺さん！　……留守かい」

元気のいい、身長よりも大きな声で、いつも廻って来る居酒屋の小僧が、怒鳴っていた。

やっと、年は十か十一。

雨に光っている髪の毛は、蓬々と耳にかぶさって、絵に描いた河っ童そのままだ。筒袖の腰きりに、縄の帯、背中まで泥濘の跳ねを上げている。

「城か」

奥で*木賃の親爺がいう。

「あ、おらだ」

「きょうはの、まだ、お客様が帰らねえだから、酒はいらぬよ」

「でも、帰えれば要るんだろう。いつもだけ持ッて来とこうや」

「お客様が飲がるといったら、わしが取りにゆくからいい」

「……爺さん、そこで、何しているんだい」

「あした鞍馬へのぼる荷駄へ、手紙を頼もうと思って、書き始めたが、一字一字、文字が思い出せねえで肩を凝らしているところじゃ、うるさいから、口をきいてくれるな」

「ちぇッ、腰が曲りかけているくせに、まだ字を覚えねえのか」

「このチビが、また小賢しいことといいさらして、薪でも食らうな」

「おらが、書いてやるよ」

「ばか吐かせ」

「ほんとだッてば！　アハハハハそんな芋という字があるものか、それじゃ竿だよ」

「やかましいッ」

「やかましくッても、見ちゃいられねえもの。爺さん、鞍馬の知人へ、竿を届けるのかい」

「芋を届けるのだ」

「じゃ、強情を張らないで、芋と書いたらいいじゃないか」

「知っているくらいなら、初めからそう書くわ」

「あれ……だめだぜ、爺さん……この手紙は、爺さんのほかには誰にも読めないぜ」

「じゃあ、汝、書いてみろ」

筆を突きつけると、

「書くから、文句をおいい、お文句をさ……」

上がり框に腰をかけて、居酒屋の城太郎は、筆を持った。

「馬鹿よ」

「なんだい、無筆のくせに、人を馬鹿とは」

「紙へ、鼻汁が垂れたわ」

「ア、そうか。これは駄賃——」

その一枚を揉んで、鼻汁をかんで捨てて――

「さ。どう書くんだい」

筆の持ち方はたしかであった。木賃のおやじがいう言葉を、その通りさらさらと書いてゆく。

……ちょうどその折であった。

今朝、雨具を持たずに出た此宿の客は、泥田のような道を、びしょびしょと重い足で帰って来た。かぶって来た炭俵を、軒下へ投げやって、

「――ああ。梅もこれでおしまいだな」

毎朝目を娯ませてくれた門口の紅梅を見あげながら、袂を絞って呟く。

武蔵であった。

もうこの木賃へは二十日の上も泊っているので、彼は、わが家へ帰って来たような安堵を覚える。

土間へ入って、ふと見ると、いつも、御用を聞きに来る居酒屋の少年が、おやじと首を寄せ合っている。武蔵は、何をしているのかと、黙って、その背後からのぞいていた。

「あれ。……人が悪いなあ」

城太郎は、武蔵の顔へ気がつくと、あわてて筆と紙とを、背中へ廻してしまった。

二

「見せい」

武蔵が、からかうと、

「いやだい！」

城太郎は、顔を振って、

「アカといえば」

と、あべこべに揶揄（やゆ）してかかる。武蔵は、濡れた袴（はかま）を解いて、木賃の老爺（おやじ）に渡しながら、

「ははは、その手は喰わん」

すると、城太郎は、言下に、

「手を喰わんなら、足喰うか」

と、いった。

「足喰えば、章魚（たこ）じゃ」

城太郎は響きに答えるように、

「章魚で酒のめ。――小父（おじ）さん、章魚で酒飲め。持って来ようか」

「なにを」

「お酒を」

「ははは、こいつは、うまく引っかかったの。また、小僧に酒を売りつけられたぞ」

「五合」

「そんなにいらん」

「三合」

「そんなに飲めん」

「じゃあ……いくらさ、ケチだなあ、宮本さんは」

「貴様に会ってはかなわんな、実をいえば小費（こづかい）が乏しいからだよ、貧乏武芸者だ。そう悪く申すな」

「じゃあ、おらが枡（ます）を量（はか）って、安くまけて持って来ようね。――そのかわりに、小父さん、またおもしろい話を聞かせておくれね」

雨の中へ、元気に、城太郎は駈けて行った。武蔵は、そこへ残されてある手紙を見て、

「老爺（おやじ）、これは今の少年が書いたのか」

「左様で。――呆れたものでございますよ、あいつの賢いのには」

「ふーむ……」

感心して見入っていたが、

「おやじ、何か着（き）がえがないか、なければ、寝衣（ねまき）でもよいが、貸してくれい」

「濡れてお戻りと存じまして、ここへ出しておきました」

武蔵は、井戸へ行って水を浴び、やがて着かえて、炉のそばに坐った。

その間に、自在かぎへは、鍋がかかる、香の物や、茶碗も揃う。

「小僧め、何をしているのか、遅うござりまする」

「幾歳だろう、あの少年は」

「十一だそうで」

「早熟ているな、年のわりには」

「何せい、七歳ぐらいからあの居酒屋へ奉公しておりますので、馬方やら、この辺の紙漉きやら、旅の衆に、人中で揉まれておりますでな」

「しかし――どうして左様な稼業のうちに、見事な文字を書くようになったろうか」

「そんなに上手いので？」

「元より子どもらしい稚拙はあるが、稚拙のうちに、天真といおうか何というか……左様……剣でいうならば、おそろしく気に暢びのある筆だ。あれは、ものになるかもしれぬ」

「ものになるとは、何になるので」

「人間にだ」

「へ？」

おやじは、鍋の蓋を取って覗きながら、

「まだ来ないぞ、あいつまた、どこぞで道ぐさしているのかも知れぬ」

ぶつぶついいながら、やがて、土間の穿物(はきもの)へ足をおろしかけると、

「爺さんッ、持って来たよ」

「何をしているのだ、旦那様が待っているのに」

「だってネ、おらが、酒を取りにゆくと、店にもお客があったんだもの。——その酔っぱらいがね、また、おらをつかまえて、執(しつ)こくいろんなことを訊くんだ」

「どんなことを」

「宮本さんのことだよ」

「また、くだらぬお喋舌(しゃべ)りをしたのだろう」

「おらが喋舌らなくても、この界隈(かいわい)でおとといの清水寺のことを知らない者はないいぜ。——隣のおかみさんも前の漆屋(うるしや)の娘も、あの日お詣りに行ってたから、小父さんが、大勢の駕かきに囲まれて難儀をしたのを、みんな見ていたんだよ」

三

武蔵は黙然と炉のまえに、膝をかかえていたが、頼むように——

「小僧、もうその話は、やめにせい」

眼ざとく、その顔いろを覚(さと)って、城太郎は武蔵からいわれる先に、

「おじさん、今夜は遊んでいってもいいだろ?」

と、足を洗いにかかる。

「うム。家はよいのか」

「あ、店はいいの」

「じゃあ、おじさんと一緒に、御飯でもお喰べ」

「そのかわり、おらが、お酒の燗をしよう。お酒の燗は、馴れているから」

炉のぬく灰に、壺を埋けて、

「おじさん、もういいよ」

「なるほど」

「おじさん、酒好きかい」

「好きだ」

「だけど、貧乏じゃ、飲めないね……」

「ふム」

「兵法家っていうのは、みんな大名のお抱えになって、知行がたくさん取れるんだろう。おら、店のお客に聞いたんだけど、むかし塚原卜伝なんかは、道中する時にはお供に乗換馬を曳かせ、近習には鷹を拳にすえさせて、七、八十人も家来をつれて歩いたんだってね」

「うむ、その通り」

「徳川様へ抱えられた柳生様は江戸で、一万一千五百石だって。ほんと？」

「ほんとだ」

「だのに、おじさんはなぜそんなに、貧乏なんだろ」

「まだ勉強中だから」

「じゃあ、幾歳になったら、上泉伊勢守や、塚原卜伝のように、沢山お供をつれて歩くの」

「さあ、おれには、そういう偉い殿様にはなれそうもないな」

「弱いのかい、おじさんは」

「清水で見た人々が噂しておるだろうが、なにしろおれは、逃げて来たのだからな」

「だから近所の者が、あの木賃に泊っている若い武者修行は、弱い弱いって、この界隈じゃ評判なんだよ。――おら、癪にさわって堪らねえや」

「ははは、おまえがいわれておるのではないからよかろう」

「でも。――後生だからさ、おじさん。あそこの塗師屋の裏で、紙漉きだの桶屋の若い衆たちが集まって、剣術をやっているから、そこへ試合に行って、一度、勝っておくれよ」

「よしよし」

武蔵は、城太郎のいうことには、何でも頷く、彼は少年が好きなのだ。いや自分がまだ多分に少年であるゆえに、すぐ同化することができるのだった。また、男の兄弟がなかったせいもあろうし、家庭のあたたかさを殆ど知らなかったことなども、その一因といってよい。常に何かでそれに似た愛情のやり場を求めて、孤独を慰めようとする気持が無意識にひそんでいた。

「その話、もうよそう、——ところでこんどはおまえに訊くが、おまえ、故郷（くに）はどこだ」

「姫路」

「なに、播州（ばんしゅう）」

「おじさんは作州だね、言葉が」

「そうだ、近いな。——して姫路では何屋をしていたのか、お父さんは」

「侍だよ、侍！」

「ほ……」

そうだろう！　意外な顔はしたが、武蔵は、果たして——というように頷いてもいた。それから父なる人の名を紏（ただ）すと、

「お父っさんは、青木丹左衛門といって、五百石も取ってたんだぜ。けれど、おらが六ツの時に、牢人しちゃって、それから京都へ来てだんだん貧乏しちまったもんだから、おらを、居酒屋へあずけて、自分は、虚無僧寺（こむそうでら）へ入ッちまったんだよ」

と述懐する。

「だから、おら、どうしても、侍になりたいんだ。侍になるには、剣道が上手になるのが一番だろう。おじさん。お願いだから、おらをお弟子にしてくれないか——どんなことでもするから」

いい出したら肯かない眸をしている。しかしあわれに少年は縋るのだった。――武蔵はそれに諾か否かを答えるよりも、あのどじょう髯の――青木丹左という者の成れの果てを思いもかけず、思い遣っていた。兵法の上では、斬るか斬られるかの命がけを、朝夕に賭している身ではあるが、こういう人生の流転を目に見せつけられると、それとはべつな寂しさに、酔いも醒めて心を蝕まれるのであった。

四

これは飛んでもない駄々ッ子だ、なんと賺しても肯くどころか、木賃の老爺が、口を酢くして、叱ったり宥めたりすれば、却って、悪たれをたたき、一方の武蔵へは、よけいに執こくなって、腕くびをつかむ、抱きついて強請む、しまいには泣いてしまう。持てあまして、武蔵は、

「よし、よし、弟子にしてやろう。――だが、今夜は帰って、主人にもよく話した上、出直して来なければいけないぞ」

それで城太郎は、やっと得心して帰った。

翌る朝――

「おやじ、永いこと世話になったが、奈良へ立とうと思う。弁当の支度をしてくれ」

「え、お立ちで」

老爺はその不意なのに驚いて、

「あの小僧めが、飛んでもないことをおせがみしたので、急にまあ……」

「いやいや、小僧のせいではない。かねてからの宿望、大和にあって有名な宝蔵院の槍を見にまいる。——後で、小僧が参って、そちを困らすだろうが、何分たのむ」

「なに、子どものこと、一時はわめいても、すぐケロリとしてしまうに違いございませぬ」

「それに、居酒屋の主人も、承知はいたすまいし」

武蔵は、木賃の軒を出た。

泥濘には、紅梅が落ちていた。今朝は拭ったように雨もあがり、肌にさわる風の味もきのうとちがう。

水かさが増した濁流の三条口には、仮橋のたもとに沢山な騎馬武者がいて、武蔵ばかりでなく、往来人はいちいち止めて検めていた。

聴けば、江戸将軍家の上洛が近づき、その先駆の大小名がきょうも着くので、物騒な牢人者を、ああして取りしまっているのだという噂。

問われることへ、無造作に答えて、何の気もなく通って来たが、武蔵はいつのまにか、自分が大坂方でもなく、また徳川方でもない、無色無所属のほんとの一牢人になっていることに、改めて気づいた。

——今顧みるとおかしい。

関ケ原の役に、槍一本かついで出かけたあの時の向う見ずな壮気。

彼は、父の仕えていた主君が大坂方であったし、郷土には、英雄太閤の威勢が深く浸みこんでいたし、少年のころ、炉べりに聞かされた話にも、その英雄の現存と偉さとを深く頭に植えこまれて来たので、今でも、

（関東へつくか、大坂か）

と問われれば、血液的に、

（大坂）

と、答えるにためらわない気持だけは、心のどこかに遺っていた。

――だが、彼は、関ケ原で習んだ。歩卒の組に交じって槍一本を、あの大軍の中でどう振り廻したって、結局、それが何ものも動かしていないし、大いなる奉公にもなっていないということをである。

（わが思う主君にご運あれ）

と念じて、死ぬならばいい。それで死ぬことも立派に意義もある。――だが、武蔵や又八のあの時の気持はそうでない。燃えていたのは、功名だった、資本いらずに、禄を拾いに出たに過ぎない。

その後、生命は珠、と沢庵から訓われた。よく考えてみると、資本いらずどころではない、人間最大の資本を提げて、わずかな禄米を――それも籤を引くような僥倖をたのんで行ったことになる。――今考えると、その単純さが、武蔵はおかしくなるのである。

「——醍醐だな」

肌に汗をおぼえたので、武蔵は足をとめた。いつのまにか、かなり高い山道を踏んでいる。すると遠くで、

——おじさアん……

しばらく間を措いて、

——おじさアアん

とまた聞える。

「あっ？」

武蔵は、河っ童に似た少年の顔が風を衝いて走ッてくる態を、すぐ眼にうかべた。

案のじょう、やがてその城太郎の姿が、道の彼方にあらわれて、

「嘘つきッ。おじさんの嘘つき！」

口では罵り、顔には、今にも泣きだしそうな血相をもって、息も喘ぎ喘ぎ追いついて来るのであった。

五

——来たな、とうとう。

武蔵は、当惑そうな裡に、明るい笑くぼを顔にのぼせ、振向いて待っている。

迅い。とても迅い。

こっちの姿を目がけて、むこうから素ッ飛んで来る城太郎の影は、ちょうど烏天狗の雛子というところだ。

近づくに従って、その猪口才なかっこうを明らかに眺め、武蔵はまた唇のあたりに微苦笑を加えた。——着物はゆうべのとは違って、お仕着せらしいのを着かえているが、もちろん腰も半分、袖も半分、帯には身長より長い木刀を横たえ、背には、傘ほどもある大きな笠を背負いこんでいる。そして、

「——おじさんっ！」

いきなり、武蔵のふところへ飛びこんで来ると、

「嘘つきッ」

と、しがみついて、同時に、わっと泣いてしまったのである。

「どうした、小僧」

優しく抱えてやっても、ここは山の中だと承知の上で泣くように城太郎は、声をかぎりにおいおい泣く。

「泣く奴があるか」

武蔵が、遂にいうと、

「知らねえやい、知らねえやい」

身を揺すぶッて、

「——大人のくせに、子供を騙していいのかい！　ゆんべ、弟子にしてやるといったく

せに、おらを置いてきぼりにして、そんな……大人があっていいのかい」

「悪かった」

謝ると、今度は、泣き声を変えて、甘えるように、わあん、わあんと、鼻汁をたらして泣く。

「もう黙れ。……騙す気ではなかったが、貴様には、父があり主人がある。その人達の承知がなくては連れて行かれぬから、相談して来いと申したのだ」

「そんなら、おらが返事にゆくまで、待っていればいいじゃないか」

「だから、謝っておる。――主人には、話したか」

「うん……」

やっと黙って、側の木から、木の葉を二枚むしり取った。何をするのかと思うと、それでチンと鼻をかむ。

「で、主人は何と申したか」

「行けって」

「ふム」

「てめえみたいな小僧は、とても当り前な武芸者や道場では、弟子にしてくれる筈がねえ。あの木賃宿にいる人なら、弱いので評判だ。てめえには、ちょうどいい師匠だから、荷持ちに使って貰えッて……。餞別にこの木剣をくれたよ」

「ハハハハ。おもしろい主人だの」

「それから、木賃の爺さんの所へ寄ったら、爺さんは留守だったから、あそこの軒に掛かっていたこの笠を貰って来た」

「それは、旅籠(はたご)の看板ではないか。きちんと書いてあるぞ」

「書いてあってもかまわないよ。雨がふると、すぐ困るだろ」

もう師弟の約束も何もかも、仕済(しす)ましたりとしているのである。武蔵も観念してしまった。これは止めようがない――

しかしこの子の父、青木丹左の失脚や、自分との宿縁を思うと、武蔵は、みずからすすんでもこの少年の未来を見てやるのがほんとではないかとも考えた。

「あ、忘れていた。……それからね、おじさん」

城太郎は、安心がつくと、急に思い出したように、懐中(ふところ)をかき廻し、

「あった。……これだよ」

と、手紙を出した。

武蔵は、いぶかしげに、

「なんだ、それは」

「ゆんべ、おじさんの所へ、おらが酒を持って行く時に、店で飲んでいた牢人があって、おじさんのことを、いやに執(しつ)こく訊いていたといったろう」

「ム、そんな話であったな」

「その牢人が、おらが、あれから帰ってみると、まだベロベロに酔っぱらっていて、ま

た、おじさんの様子を訊くんだ。途方もない大酒飲みさ、二升も飲んだぜ。――そのあげく、この手紙を書いて、おじさんに渡してくれと、置いて行ったんだよ」

「？……」

武蔵は、小首を傾げながら、封の裏を返してみた。

六

封の裏には、なんと――

本位田又八

乱暴な字でぶつけてあるのだ、書体までが酔っぱらっている姿である。

「や……又八から……」

急いで封を切って見る。武蔵は、なつかしむような、悲しむような、複雑な気持のうちに読み下した。

二升も飲んだ揚句といえば、字の乱脈はぜひもないが、文言も支離滅裂で、ようやく読み判じてみると、

伊吹山下、一別以来、郷土わすれ難し、旧友またわすれ難し。はからずも先頃、吉岡道場にて、兄の名を聞く。万感交〻、会わんか、会わざらんか、迷うて今、酒店に大酔を買う。

この辺まではよいが、その先になると、いよいよわからなくなる。

然りわれは、兄と袂を分ってより、女色の檻に飼われ、懶惰の肉を蝕まれて生く、快々として無為の日を送るすでに五年。

洛陽、今、君の剣名ようやく高し。

加盞。加盞。

或る者はいう。武蔵は弱し逃げ上手の卑怯者なりと。また或る者はいう。彼は不可解の剣人なりと。——そんな事、どっちでもよし、ただ野生は、兄が剣によってともかく洛陽の人士に一波紋を投げたるを、ひそかに慶す。

思うに。

君は賢明だよ、おそらくは剣も巧者になって出世すべし。

翻って、今のわれを見れば如何。

愚や、愚や、この鈍児、賢友を仰いでなんぞ愧死せざるや。

だが待て、人生の長途、まだ永遠は測るべからずという奴さ、今は会いたくない、そのうちに会える日もあろうというもの也。

健康をいのる。


これが全文かと思うと、追而書きのほうに、まだくどくどと火急らしい用向きが認めてある。その用向きというのは、吉岡道場の千人の門下が、先頃の事件をふかく意趣にふくみ、躍起になって君のありかを捜しているから、身辺にふかく注意をしなければいけない。君は今折角剣のほうで頭角を出し始めたところだ、死んではならぬ、俺も何かで一人前になったら君と会って、大いに過去のことも語りたい気持でいるのだから、俺の張合いのためにも、体をまもって生きていてくれ——

そんな意味なのである。

先は友情のつもりらしいが、この忠告のうちにも、多分な又八のひがみが滲んでいた。

武蔵は、暗然として、

（なぜ——やあ久し振だなあ——そんなふうに、彼は呼びかけてくれなかったのか）

と、思った。

「城太郎。おまえは、この人の住所を聞いたか」

「聞かなかった」

「居酒屋でも、知らぬか」

「知らないだろ」

「何度も来た客か」

「ううん、初めて」

——惜しい。武蔵は、彼の居所がわかるなら、これから京都へ戻ってもと思うのであったが、その術もない。

会って、もいちど、又八の性根をたたき醒ましてやりたい気がする。彼を、現在の自暴自棄から引ッぱり出してやろうとする友情を、武蔵は今も失っていない。

又八の母のお杉に、誤解を解いてもらうためにも――

黙々と、武蔵は先に歩いて行く。道は醍醐（だいご）の下りになって、六地蔵の四つ街道の追分が、もう眼の下に見えて来た。

「城太郎、早速だが、おまえに頼みたいことがあるが、やってくれるか」

武蔵は、不意にいい出した。

七

「なに？　おじさん」

「使いに行ってほしいが」

「どこまで」

「京都」

「じゃあ、折角、ここまで来たのに、また戻るの」

「四条の吉岡道場まで、おじさんの手紙を届けに行ってもらいたい」

「…………」

城太郎はうつ向いて、足もとの石を蹴っていた。

「嫌か」

武蔵が顔をのぞくと、

「ううん……」

曖昧に首を振りながら——

「嫌じゃないけど、おじさん、そんなことをいってまたおらを置いてきぼりにするつもりだろう」

疑いの眼に射られて、武蔵はふと恥じた。その疑いは誰が教えたか——と。

「いや、武士は決して、嘘はいわないものだ。きのうのことは、ゆるせ」

「じゃあ、行くよ」

六阿弥陀の追分茶屋へ入って、茶をもらい二人は弁当をつかった。武蔵はその間に手紙を認めた。

——吉岡清十郎宛に。

文面は、ざっと、こうである。——聞くところによれば、貴下はその後御門下を挙って拙者の居所をお尋ねの由であるが、自分は今大和路にあり、これから約一年を伊賀、伊勢その他を修業に遊歴するつもりで予定をかえる気持にはなれない。しかし、先ごろお留守中を訪問して、貴眉に接しないことはこちらも同様に遺憾としているところであるから、明春の一月か二月中には必ず再度の訪れを固くお約束しておこう。——勿論、そちらも御勉励おさおさ怠りはあるまいが、自分もここ一年のあいだには、いちだん鈍剣を磨いておたずね申す考えである。どうか、先頃お立合い申したような惨敗が二度と栄ある拳法先生の門を見舞わぬよう、折角の御自重を蔭ながら祈っている。

——こう鄭重のうちに気概も仄めかせて、

新免宮本武蔵政名（まさな）

と署名し、先の名宛には

吉岡清十郎どの

他御門中（ほかごもんちゅう）

と、書き終っている。

城太郎は預かって、

「じゃあこれを、四条の道場へ抛（ほう）りこんで来ればいいんだね」

「いや、ちゃんと、玄関から訪れて、取次に慥（しか）と渡して来なければいけない」

「あ。わかってるよ」

「それから、も一つ頼みがある。……だが、これはちとおまえには難しかろうな」

「何、何」

「わしに、手紙をよこした昨夜（ゆうべ）の酔っぱらい、あれは、本位田又八というて、昔の友達なのだ。あの人に会ってもらいたいのだが」

「そんなこと、造作もねえや」

「どうして捜すか」

「酒屋を聞いて歩くよ」

「ははは。それもよい考えだが、書面の様子で見ると、又八は、吉岡家のうちの誰かに知り人があるらしい。だから吉岡家の者に、訊いてみるに限る」

「分ったら？」

「その本位田又八におまえが会って、わしがこういったと伝えてくれ。——来年一月の一日から七日まで、毎朝五条の大橋へ行って拙者が待っているから、その間に、五条まで一朝出向いてくれいと」

「それだけでいいんだね」

「む。——ぜひ会いたい。武蔵がそういっていたと伝えるのだぞ」

「わかった。——だけど、おじさんは、おらが帰って来る間、何処に待ってるの」

「こういたそう。わしは奈良へ先に行っている。居所は、槍の宝蔵院で聞けばわかるようにいたしておく」

「きっと」

「はははは、まだ疑っているのか、こんど約束を違えたら、わしの首を打て」

笑いながら茶店を出る。

そして武蔵は奈良へ。——城太郎はまた京都へ。

四つ街道は、笠や、燕や、馬のいななきで混み合っている。その間から城太郎が振返ると、武蔵もまだ立ちどまっていた。二人はニコと遠い笑いを見交わして別れた。

春風便

一

恋風が来ては
袂に掻いもたれて
喃、袖の重さよ
恋かぜは
重いものかな

阿国歌舞伎でおぼえた小歌を口誦みながら、朱実は、家の裏へ下りて、高瀬川の水へ、洗濯物の布を投げていた。布を手繰ると、落花の渦も一緒に寄って来た。

思えど思わぬ
振りをして
しゃっとしておりゃるこそ
底はふかけれ――

河原の堤の上から、

「おばさん、歌がうまいね」

朱実は振向いて、

「誰？」

長い木刀を横にさし、大きな笠を背負っている侏儒のような小僧である。朱実がにらむと、まるッこい眼をぐりぐりうごかし、人馴っこい歯を剝いてにやりとした。

「おまえ何処の子、人のことをおばさんだなンて、私は娘ですよ」

「じゃあ──娘さん」

「知らないよ。まだ年もゆかないチビ助のくせにして、今から女なんか揶揄うものじゃないよ、洟でもおかみ」

「だって、訊きたいことがあるからさ」

「アラアラ、おまえと喋舌っていたおかげで洗濯物を流してしまったじゃないか」

「取ッて来てやろう」

川下へ流れて行った一枚の布を、城太郎は追いかけて行って、こういう時には役に立つ長い木刀で、掻きよせて拾って来た。

「ありがと。──訊きたいッて、どんなこと」

「この辺に、よもぎの寮というお茶屋がある？」

「よもぎの寮なら、そこにある私の家だけれど」

「そうか。──ずいぶん捜しちゃった」

「おまえ、何処から来たの」

「あっちから」

「あっちじゃ分らない」

「おらにも、何処からだか、よく分らないんだ」

「変な子だね」

「誰が」

「いいよ」——朱実はクスリと笑いこぼして、「いったい何の用事で、わたしの家(うち)へ来たの」

「本位田又八という人が、おめえんちにいるだろう。あすこへ行けば分るって、四条の吉岡道場の人に聞いて来たんだ」

「いないよ」

「嘘だい」

「ほんとにいないよ。——前には家(うち)にいた人だけれど」

「じゃあ、今どこ？」

「知らない」

「ほかの人に訊いてくれやい」

「おっ母さんだって知らないもの。——家出したんだから」

「困ったなあ」

「誰の使いで来たの」

「お師匠様の」

「お師匠様って？」

「宮本武蔵(むさし)」

「手紙か何か持って来たの」

「ううん」

城太郎は、首を横に振って、行き迷れたような眼を足もとの水の渦におとした。

「——来た所も分らないし、手紙も持たないなんて、ずいぶん妙な使いね」

「言伝てがあるんだ」

「どういう言伝て。もしかして——もう帰って来ないかも知れないけど、帰って来たら、又八さんへ、私からいっといて上げてもいいが」

「そうしようか」

「私に相談したって困る、自分で決めなければ」

「じゃあ、そうするよ。……あのね、又八って人に、ぜひとも、会いたいんだって」

「誰が」

「宮本さんがさ。——だから、来年一月の一日から七日までの間、毎朝、五条大橋の上で待っているから、その七日のうちに、一朝そこへ来てもらいたいというのさ」

「ホホホ、ホホホホ……。まあ！　気の長い言伝てだこと。おまえのお師匠さんていう人も、おまえに負けない変り者なんだね。……アアお腹が痛くなっちゃった！」

二

城太郎は、ぷっと膨れて、

「何がおかしいのさ。おたんこ茄子め」

と、肩をいからせた。

びっくりした途端に、朱実は、笑いが止まってしまった。

「――あら、怒ったの」

「当り前だい、人が、叮嚀にものを頼んでいるのに」

「ごめん、ごめん。もう笑わないから――そして今の言伝ては、又八さんが、もし帰って来たら、屹度しておくからね」

「ほんとか」

「え」

また、こみあげる微笑を噛みころすように頷いて――

「だけど……何といったっけ……その言伝てを頼んだ人」

「忘れっぽいな。宮本武蔵というんだよ」

「どう書くの、武蔵って」

「武は――武士の武……」

といいかけて、城太郎は足もとの竹の小枝をひろい、河原の川砂へ、

「こうさ」

と書いて見せた。

朱実は、砂に書かれた字を、じっと眺めて、

「あ……それじゃあ、武蔵といううんじゃないの」

「武蔵だよ」

「だって武蔵とも訓める」

「強情だな！」

彼の抛った竹の小枝が、川の面をゆるく流れて行く。

朱実は、いつまでも、川砂の文字へ眼を吸いよせられたまま、そして眼じろぎもせずに、何か想い耽っていた。

やがて、その眸を、足もとから城太郎の顔へ上げ、もいちど、改めて彼の姿をつぶさに見直しながら嘆息のように訊ねた。

「……もしや、この武蔵というお方は、美作の吉野郷の人ではないかえ」

「そうだよ、おらは播州、お師匠さんは宮本村、隣り国なんだ」

「──そして、背の高い、男らしい、そうそう髪はいつも月代を剃らないでしょう」

「よく知ッてるなあ」

「子どものとき、頭に、疔という腫物をわずらったことがあって、月代を剃ると、その痕が醜いから、髪を生やしておくのだと、いつか私に話したことを思い出したの」

「いつかって、何日？」

「もう、五年も前。──関ケ原の戦があったあの年の秋」

「そんな前から、おめえは、おらのお師匠様を知ってんのか」

「………」

朱実は答えなかった。答える余裕もなく彼女の胸はその頃の思い出の奏でに高鳴っていた。

（……武蔵さんだ！）

身もおろおろと会いたさに駆られてくるのである。母のすることを見――又八の変り方を見て来て――彼女は自分が最初から心のうちで、武蔵の方を選んでいたことが間違いでなかったことに、愈〻信頼を深くしていた。ひそかに自分の独り身を誇っていた――あの人は、やはり又八とはまるで違うと。

そして、処女ごころは、茶屋がよいの幾多の男性を見るにつけ、自分の行くすえは、こんな群れにはないものときめ、それらの気障な男たちを冷蔑し、五年前の武蔵の面影を、ひそかな胸の奥において、口誦む歌にも、ひとりで末の夢を楽しんでいた。

「――じゃあ、頼んだぜ。又八って人が、見つかったら、屹度、今の言伝てをしといておくれ」

用が済むと、先を急ぐように城太郎は、河原の堤へ駈け上がった。

「あっ、待って！」

朱実は、追いすがった。彼の手をつかまえて、何をいおうとするのか、城太郎の眼にも眩ゆいほどその顔は、美しい血でぽっと燃えていた。

三

「あんた、何ていう名？」

熱い息で、朱実が訊く。

城太郎は——城太郎と答えて、彼女の悩ましげな昂ぶりを、変な顔して見上げていた。

「じゃあ、城太郎さん、あんたは何日も武蔵さんと一緒にいるのね」

「武蔵様だろう」

「あ……そうそう武蔵様の」

「うん」

「わたし、あのお方に、ぜひ会いたいのだけれど、どこにお住まいなの」

「家かい、家なンかねえや」

「あら、どうして」

「武者修行してるんだもの」

「仮のお旅宿は」

「奈良の宝蔵院に行って訊けばわかるんだよ」

「ま……。京都にいらっしゃると思ったら」

「来年くるよ。一月まで」

朱実は何かつきつめた思案に迷っているらしかった。——と、すぐ後ろのわが家の勝手口の窓から、

「朱実っ、いつまで、何をしているんだえ！　そんなお菰の子を相手に油を売ってないで、はやく用を片づけておしまい！」

お甲の声であった。

朱実は、母に抱いている平常の不満が、こんな時、すぐ言葉つきに出た。

「この子が、又八さんを尋ねて来たから、理を話しているんじゃありませんか。人を奉公人だと思ってる」

窓に見えるお甲の眉は焦だっていた、また病気が起っているらしい。そういう口をたくまでに誰が大きく育てて来てやったのか——といいたげに、白い眼を投げて。

「又八？　……又八がどうしたっていうのさ、もうあんな人間は、家の者じゃなし、知らないといっておけばいいんじゃないか！　間がわるくって、戻れないもんだから、そんなお菰の餓鬼に頼んで何かいってよこしたんだろう。相手におなりでない」

城太郎、呆っ気にとられ、

「馬鹿にすんない。おら、お菰の子じゃねえぞ」

と、呟いた。

お甲は、その城太郎と朱実の話を監視するように、

「朱実っ、お入りっ」

「……でも、河原にまだ洗い物が残っていますから」

「後は、下婢におさせ。おまえはお風呂に入って、お化粧をしていなければいけないでしょ。また不意に、清十郎様でも来て、そんな姿を見たら、愛想をつかされてしまう」

「ちッ……あんな人。愛想をつかしてくれれば、オオ嬉しい！　だ」

——朱実は不平を顔に漲らせて、家の内へ、嫌々駈けこんでしまった。

それと共に、お甲の顔もかくれた。——城太郎は閉まった窓を見上げて、

「けっ。ばばあのくせに、白粉なんかつけやがって、ヘンな女！」

と、悪たれた。

すぐ、その窓がまた開いた。

「なんだッて、もういちどいってごらん！」

「あっ、聞えやがった」

あわてて逃げ出す頭へ、後ろから——ざぶりっと、うすい味噌汁みたいな鍋の水をぶちかけられて、城太郎は、狆ころみたいに身ぶるいした。

襟くびにくッついた菜っぱを、妙な顔をしながら摘んで捨て、忌々しさを、ありッたけな声に入れて、唄いながら逃げ出した——

本能寺の
西の小路は
暗いげな

あずさの姥が
白いもの化粧いして
漢女子産んだり
紅毛子産んだり
タリヤンタリヤン
タリ、ヤン、タン

巡りぞ会わん

一

米俵か小豆か、とにかく裕福な檀家の贈りものとみえ、牛車に山と積まれてゆく俵の上には、木札が差し立ててあり、

興福寺寄進

と墨黒く記してある。

奈良といえば興福寺——興福寺といえばすぐ奈良が思い出されるのである。城太郎も、その有名な寺だけは知っていたらしく、

「しめた、うまい車が行くぞ——」

牛車へ追いついて、車の尻へ、飛びついた。後ろ向きになると、ちょうどよく腰掛けられるのだった。贅沢なことには、俵へ背中まで寄りかけられるではないか。

沿道には、丸い茶の木の丘、咲きかけている桜、今年も兵や軍馬に踏まれずに無事に育ってくれと祈りながら麦を鋤く百姓。野菜を川で洗うその土民の女衆。——飽くまでのどかな大和街道だった。

「こいつは、暢気だ」

城太郎は、いい気もちだった。居眠ッているまに奈良へ着いてしまう気でいる。時々、石へ乗せかけた轍がぐわらっと車体を強く揺す振るのも愉快でたまらない。動く物——動くばかりでなく進む物に——身を乗せているということだけで、少年の心臓は無上な楽しみにおどる。

（……あら、あら、どこかで鶏が噪いでいるぞ、お婆さんお婆さん、鼬が卵を盗みに来たのに、知らずにいるのか。……どこの子か、往来で転んで泣いているよ。向うから馬も来るよ）

眼の側を流れてゆく事々が、城太郎にはみな感興になる。村を離れて、並木にかかると、路傍の椿の葉を一枚むしり、唇に当てて吹き鳴らした。

同じ馬でも

大将を乗せれば

池月、する墨
金ぷくりん
ピキピーの
トッピキピ
馬は馬でも
泥田にすめば
やれ踏め、やれ負え
年から貧
貧——貧——貧

前に歩いてゆく牛方は、

「おや？」

振向いたが、何も見えないのでまたそのまま歩みだした。

ピキ、ピーの
トッピキピ
牛方は、手綱を抛りすてて、車のうしろへ廻って来た。拳をかためて、いきなり、

「この野郎」

「ア痛っ」

「なんだって車の尻になど乗ってけつかるか」

「いけないの」

「当りめえだ」

「おじさんがひっぱるわけじゃないからいいじゃないか」

「ふざけるなっ」

城太郎の体は鞠みたいに地上へ弾んで、ごろんと、並木の根まで転がった。

嘲笑うように牛車の轍は彼を捨てて行った。城太郎は腰をさすって起き上がったが、ふと妙な顔して地上をきょろきょろ見まわし始めた——何か紛失し物でもしたような眼で。

「あれ? ないぞ」

武蔵の手紙を届けた吉岡道場から、これを持って帰れと渡されて来た返辞である。大事に竹筒へ入れて、途中からは、紐で首へかけて歩いていたのが——今気がついてみると、それがない。

「困った、困った」

城太郎の探す眼の範囲はだんだん拡がって行った。——と、その態を見て笑いながら近づいて来た旅装いの若い女性が、

「何か落したのですか」

と、親切に訊ねてくれる。

城太郎は、額ごしに、ちらと市女笠のうちの女の顔を見たが、

「うん……」

うつつに頷いたきりでまた、すぐ眼は地上を辿って、頻りに首を傾げていた——

二

「お金？」

「う、う、ん」

何を訊いても、城太郎の耳には、うわの空であった。

旅の若い女は微笑んで、

「——じゃあ、紐のついている一尺ぐらいな竹の筒ではありませんか」

「あっ、それだ」

「それなら、先刻そなたが、万福寺の下で、馬子衆の繋いでおいた馬に悪戯をして呶鳴られたでしょう」

「ああ……」

「びっくりして逃げ出した時に、紐が切れて往来へ落ちたのを、その時、馬子衆と立話しをしていたお侍が拾っていたようですから、戻って訊いてごらん」

「ほんと」

「え。ほんと」

「ありがと」

駈け出そうとすると、

「あ、もしもし、戻るにも及びません。ちょうど彼方（むこう）から、そのお侍様が、見えました。野袴（のばかま）をはいて、にやにや笑いながら来るでしょう。あの人です」

女の指さす方を見て、

「あの人」

城太郎は、大きな眸で、じっと待っていた。

四十がらみの偉丈夫である。黒い顎髯（あごひげ）を蓄え、肩の幅、胸幅も、常人よりずっと広くて、背も高い。革足袋（かわたび）に草履穿（ば）きのその足の運びが、いかにも確かに大地を踏んでいるというように見えて立派である。——どこかの大名の名ある家臣にちがいないと城太郎にも思えたので、ちょっと、馴々しく言葉がかけ難（にく）いのであった。

すると、幸いに、

「小僧」

と、向うから呼んでくれた。

「はい」

「お前だろう、万福寺の下で、この状入れを落したのは」

「ああ、あったあった」

「あったもないものじゃ、礼をいわんか」

「すみません」

「大事な返書ではないか。かような書面を持つ使いが、馬に悪戯したり、牛車の尻に乗ったり、道草をしていては主人に相済むまいが」

「お武家さん、中を見たね」

「拾い物は、一応中を検(あらた)めて渡すのが正しいのだ。しかし、書面の封は切らん。おまえも中を検めて受け取れ」

城太郎は、竹筒の栓(せん)を抜いてから、中をのぞいた。吉岡道場の返書はたしかに入っている。やっと安心して、また頸(くび)へかけながら、

「もう落さないぞ」

と呟いた。

眺めていた旅の若い女は、城太郎の欣(よろこ)ぶのを共に欣んで、

「ご親切に、有難うございました」と、彼のいい足らない気持を、彼に代って礼をいった。

髯侍(ひげざむらい)は、城太郎やその女性と、歩調をあわせて歩みながら、

「お女中、この小僧は、あなたのお連れか」

「いいえ、まるで知らない子でございますけれど」

「はははは、どうも釣り合いが取れぬと思った。おかしな小僧だの、笠のきちんが振(ふる)っておる」

「無邪気なものでございますね、何処まで行くのでございましょう」

二人の間に挟まって城太郎はもう得々と元気に返っていて、

「おらかい？　おらは、奈良の宝蔵院まで行くのさ」

そういって、ふと、彼女の帯の間から、見えている古金襴（こきんらん）の袋をじっと見つめ——

「おや、お女中さん、おまえも状筒（じょうづつ）を持っているんだね、落さないようにした方がいいよ」

「状筒を」

「帯に差しているそれさ」

「ホホホホ。これは、手紙を入れる竹筒ではありません。横笛です」

「笛——」

城太郎は、好奇な眼をひからかして、無遠慮に女の胸へ顔を近づけた。そして何を感じたものか、次には、その人の足もとから髪まで見直した。

三

童心にも、女の美醜は映（うつ）るとみえる。美醜はともあれ、清純か不純かを率直に感じるに違いない。

城太郎は、改めて美麗（きれい）な人だなあ、と眼の前の女性に尊敬をもった。こんな美麗な女の人と道づれになったのは、何か、飛んでもない幸福にぶつかったようで、急に、動悸（どうき）がしたり、気がふわふわして来た。

「笛かあ、なるほど」

独りで、感心して、

「おばさん、笛吹くの？」

と訊いた。

だが、若い女に対して、おばさんと呼んで、この間、よもぎの寮の娘に怒られたことを城太郎は思い出したのだろう、またあわてて、

「お女中さん、なんという名？」

突拍子もなく違った問題を、しかし、なんのこだわりもなく、急に訊き出すのである。

旅の若い女は、

「ホホホホホ」

城太郎には答えないで、彼の頭越しに顎髯の侍のほうを見て笑った。

熊のような髯のあるその武家は、白い丈夫そうな歯を見せて、これは大きく哄笑した。

「このチビめ、隅には置けんわい。——人の名を問う時は、自分の名から申すのが礼儀じゃ」

「おらは城太郎」

「ホホホ」

「狡いな、俺にだけ名のらせておいて。——そうだ、お武家さんがいわないからだ」

「わしか」

と、これも困った顔をして、

「庄田」——といった。

「庄田さんか。——下の名は」

「名は勘弁せい」

「こんどは、お女中さんの番だ、男が二人まで名をいったのに、いわなければ、礼儀に欠けるぜ」

「わたくしは、お通と申します」

「お通様か」

と、それで気が済んだのかと思うと、城太郎は口を休めずに、

「なんだって、笛なんか帯に差して歩いているんだね」

「これは私の糊口すぎをする大事な品ですもの」

「じゃあ、お通様の職業は、笛吹きか」

「え……笛吹きという職業があるかどうかわかりませんが、笛のおかげで、こうして長い旅にも困らず過ごしておりますから、やはり、笛吹きでしょうね」

「祇園や、加茂宮でする、神楽の笛？」

「いいえ」

「じゃあ、舞の笛」

「いいえ」

「じゃあ何ンだい一体」

「ただの横笛」

庄田という武家は、城太郎が腰に横たえている長い木剣に眼をつけて、

「城太郎、おまえの腰にさしているのは何だな」

「侍が木剣を知らないのかい」

「なんのために差しているのかと訊くのじゃ」

「剣術を覚えるためにさ」

「師匠があるのか」

「あるとも」

「ははあ、その状筒の内にある手紙の名宛の人か」

「そうだ」

「おまえの師匠のことだからさだめし達人だろうな」

「そうでもないよ」

「弱いのか」

「あ。世間の評判では、まだ弱いらしいよ」

「師匠が弱くては困るだろ」

「おらも下手だからかまわない」

「少しは習ったか」

「まだ、なンにも習ってない」

「あははは、おまえと歩いていると、道が飽きなくてよいな。……してお女中は、どこまで参られるのか」

「わたくしには、何処という的もございませぬが、奈良にはこの頃多くの牢人衆が集まっていると聞き、実は、どうあっても巡り会いたいお人を多年捜しておりますので、そんな儚い噂をたよりに、参る途中でございまする」

四

宇治橋のたもとが見えてくる。

通円ケ茶屋の軒には、上品な老人が茶の風呂釜をすえて、床几へ立ち寄る旅人に、風流を鬻いでいた。

庄田という髯侍の姿を仰ぐと、馴染みとみえて、茶売りの老人は、

「おお、これは小柳生の御家中様一服おあがり下さいませ」

「やすませて貰おうか――その小僧に、何ぞ、菓子をやってくれい」

菓子を持つと、城太郎は、足を休めていることなどは退屈に堪えないらしく、裏の低い丘を見上げて、駈上がって行った。

お通は茶を味わいながら、

「奈良へはまだ遠うございますか」

「左様、足のお早いお方でも、木津では日が暮れましょう。女子衆では、多賀か井手でお泊りにならねば」

老人の答えをすぐ引き取って、髯侍の庄田がいった。

「この女子は、多年捜している者があって、奈良へ参るというのだが、近ごろの奈良へ若い女子一人で行くのは、どうであろうか。わしは心もとなく思うが」

聞くと、眼を瞠って、

「滅相もない」

茶売りの老人は、手を振った。

「おやめなされませ、尋ねるお方が、確かにいると分っているならば知らぬこと、さものうて、なんであんな物騒なかへ――」

口を酢くして、その危険であることの、実例をいろいろ挙げて引き止めるのだった。

奈良といえばすぐさびた青丹の伽藍と、鹿の目が連想され、あの平和な旧都だけは、戦乱も飢饉もない無風帯のように考えられているが、事実は、なかなかそうでない。

――と茶売りの老人は自分も一服のんで説く。

なぜならば――関ケ原の役の後は、奈良から高野山にかけて、どれほど、沢山な敗軍の牢人たちが隠れこんだかわからない。それが皆、西軍に加担した大坂方だ。禄もなし、他の職業につく見込みもない人々だ。関東の徳川幕府が、今のように隆々と勢力を加えてゆく現状では、生涯、大手を振って陽なたを歩くこともできない連中なのだ。

何でも、世間一般の定説によると、関ケ原の役では尠くも、そういう扶持離れの牢人者が、ここ五年ほどでざっと十二、三万人は出来ているだろうとのことである。

あの大戦の結果、徳川の新幕府に没収された領地は六百六十万石といわれている。その後、減封処分で、家名の再興をゆるされた分を引いても、まだ取りつぶしを食った大名は八十家に余るし、その領土の三百八十万石というものは改易されている。ここから離散して、諸国の地下に潜った牢人者の数を、仮に百石三人とし、本国にいた家族や郎党などを加算すると、どう少なく見積っても、十万人は下るまいという噂。

ことに、奈良とか、高野山とかいう地帯は、武力の入り難い寺院が多いために、そういう牢人たちにとっては、屈強のかくれ場所となり得るので、ちょっと指を折っても、九度山には真田左衛門尉幸村、高野山には南部牢人の北十左衛門、法隆寺の近在には仙石宗也、興福寺長屋には塙団右衛門、そのほか御宿万兵衛とか、小西牢人の某とか、ともかく、このまま日蔭では白骨になりきれない物騒な豪の者が、ふたたび天下が大乱となることを旱に雨をのぞむように待っているという状態である。

まだまだそこらの名のある牢人は、それぞれ、隠栖しても一かどの権式も生活力も持っているが、これが奈良の裏町あたりへゆくと、ほとんど、腰の刀の中身まで売りはたいたような、ほんとの無職武士がうようよいて、半分は自暴になって風紀をみだし、喧噂を漁り、ただ徳川治下の世間をさわがせて一日もはやく大坂の方に、火の手があがればよいと祈っている連中ばかりが、巣を作しているような有様であるから、そんな所へ、あなたのような美しい女子が一人で行くことは、まるで袂へ油を入れて火の中へ入るようなものだと、茶売りの老人は、お通を止めてやまないのであった。

五

そう聞かされてみると奈良へ行くのも、甚だ不気味なことになる。

お通は考えこんでしまった。

奈良に、微かな手懸りでもあるならば、どんな危険をも厭うことではないが――姫路城下のそういう心当りは、彼女には今の所まるでないのである。ただ漠然と――花田橋の袂からあのまま数年の月日を――旅から旅へ、的なく、彷徨って来たに過ぎない。今も、その儚い流浪の途中に過ぎない――

「お通どのと申されたの――」

彼女の迷っている顔いろを見て、髯侍の庄田が、

「どうであろう、最前から、申しそびれていたが、これから奈良へ行かれるより、わしと共に、小柳生まで来てくれないか」

といい出した。

そこで、その庄田が自分の素姓を明かしていうことに、

「わしは小柳生の家中で、庄田喜左衛門と申す者だが、実は、もはや八十にお近い自分の御主君は、このところお体もお弱くて毎日、無聊に苦しんでおられる。そなたが、笛を吹いて糊口すぎをいたしておるというので思いついたことだが、或は、そうした折ゆえ、大殿のよいお慰みになろうか知れぬ。どうだな、来てくれまいか」

茶売りの老人は、側にあって、それはよい思いつきと喜左衛門と共に頻りにすすめた。

「お女中、ぜひお供して行かっしゃれ。知ってでもあろうが、小柳生の大殿とは、柳生宗厳様のこと、今では、御隠居あそばして、石舟斎と申しあげているお方じゃ、若殿の但馬守宗矩様は、関ケ原の戦からお帰りあそばすとすぐ、江戸表へ召されて、将軍家の御師範役。またとない御名誉なお家がらじゃ、そうしたお館へ、召されるだけでもまたとない果報、ぜひぜひお供なされませ」

有名な兵法の名家、柳生家の家臣と聞いて、お通は喜左衛門の物腰が、只人とは思えなかったことが、さてこそと、心のうちに、頷かれた。

「気がすすまぬか」

喜左衛門が、諦めかけると、

「いいえ、願うてもないことでございますが、拙い笛、さような御身分のあるお方の前では」

「いやいや、ただの大名衆のように思うては、柳生家では、大きにちがう。殊に石舟斎様と仰せられて、今では、簡素な余生を楽しんでいられる茶人のようなお方だ、むしろ、そういう気がねはお嫌いなさる」

漫然と奈良へゆくより、お通はこの柳生家の方に一つの希望をつないだ。柳生家といえば、吉岡以後の兵法第一の名家、さだめし諸国の武者修行が訪れているに違いない。そして、門を叩いた者の名を載せた芳名帳を備えているかも知れない。——そのうちにはもしかしたら自分の探し歩いている——宮本武蔵政名——の名があるかも知れない。もしあったらどんなに欣しいか。

「では、おことばに甘えて、お供いたしまする」

急に明るくいうと、

「え、来てくれるとか、それは辱い」

喜左衛門は欣んで、

「そう決まれば、女子の足では夜にかけても、小柳生まではちと無理、お通どの、馬に乗れるか」

「はい、厭いませぬ」

喜左衛門は軒を出て、宇治橋の袂のほうへ手をあげた。そこに屯していた馬方が飛んで来る。お通だけを乗せて、喜左衛門は歩いた。

すると茶屋の裏山へ上っていた城太郎が見つけて、

「もう行くのかあいっ」

「おお出かけるぞ」

「お待ちようっ」

宇治橋の上で、城太郎は追いついた。何を見ていたのかと喜左衛門が訊くと、丘の林の中に、大勢の大人が集まって、何か知らないが面白い遊び事をしていたから見ていたのだという。

馬子は笑って、

「旦那、そいつあ牢人が集まって、博奕を開帳しているんでさ。――食えねえ牢人が旅の者を引っ張りあげては、裸にして追っ払うんだから凄うがすぜ」

と、いった。

六

馬の背には、市女笠の麗人、城太郎と髯の庄田喜左衛門とが、その両側に歩み、前には日の永い顔をして馬子が行く。

宇治橋をこえ、やがて木津川堤にかかる。河内平の空は雲雀に霞んで、絵の中を行く気がする。

「うむ……牢人どもが博奕をしているか」

「博奕などはまだいい方なんで――押し借りはする、女はかどわかす、それで、強いと来ているから手がつけられませんや」

「領主は、黙っているのか」

「御領主だって、ちょっとやそっとの牢人なら召捕るでしょうが――河内、大和、紀州の牢人が合体になったら、御領主よりゃあ強いでしょう」

「甲賀にもいるそうだの」

「筒井牢人が、うんと逃げこんでいるんで、どうしても、もう一度戦をやらなければあ、あの衆は、骨になりきれねえとみえる」

喜左衛門と馬子の話に、ふと、耳をとめて城太郎が口を出した。

「牢人牢人っていうけれど、牢人のうちでも、いい牢人だってあるんだろ」

「それは、あるとも」

「おらのお師匠さんだって牢人だからな」

「ははは、それで不平だったのか、なかなか師匠思いだの。――ところでおまえは宝蔵院へ行くといったが、そちの師匠は宝蔵院にいるのか」

「そこへ行けば分ることになっているんだ」

「何流をつかうのか」

「知らない」

「弟子のくせに、師匠の流儀を知らんのか」

するとと、馬子がまた、

「日那、この節あ、剣術流行りで猫も杓子も、武者修行だ。この街道を歩く武者修行だけでも一日に五人や十人はきっと見かけますぜ」

「ほう、左様かなあ」

「これも、牢人が殖えたせいじゃございませんか」

「それもあろうな」

「剣術がうめえッてえと、方々の大名から、五百石、千石で、引っ張りだこになるってんで、みんな始めるらしいんだね」

「ふん、出世の早道か」

「そこにいるおチビまでが木剣など差して、撲り合いさえ覚えれば、人間になれると思っているんだから空怖しい。こんなのが沢山できたら、行く末なんで飯を喰うつもりか思いやられますぜ」

城太郎は、怒った。

「馬子っ、なんだと、もう一ぺんいってみろ」

「あれだ――蚤が楊子を差したような恰好をしやがって、口だけは一人前の武者修行のつもりでいやがる」

「ははは、城太郎、怒るな怒るな。また、頸にかけている大事な物を落すぞ」

「もう、大丈夫だい」

「おお、木津川の渡舟へ来たからおまえとはお別れだ。――もう陽も暮れかかるゆえ、道くさをせず、急いで行けよ」

「お通様は」

「わたしは、庄田様のお供をして小柳生のお城へ行くことになりました。――気をつけておいでなさいね」

「なんだ、おら、独りぽッちになるのか」

「でもまた、縁があれば、どこかで会う日があるかも知れません――城太郎さんも旅が家、わたしも尋ねるお人に巡り会うまでは旅が住居」

「いったい、誰をさがしているの、どんな人？」

「…………」

お通は答えなかった。馬の背からにっこと別れの眸を与えただけであった。河原を駈け出して、城太郎は、渡舟の中へ飛び乗っていた。この舟が夕陽に赤く隈どられて、河の中ほどまで流れだした頃、振り返ると、お通の駒と喜左衛門の姿は木津川の上流が遽かにその辺りから狭くなっている渓谷の笠置寺道を、山蔭の早い夕べに影をぼかして、とぼとぼと、もう提灯を燈して歩いてゆくのが見えた。

茶　漬

一

およそ今、天下に虻や蜂ほど多い武芸者のうちでも、宝蔵院という名は実によく響い

ている。もしその宝蔵院を単なるお寺の名としか弁えないで話したり聞いたりしている兵法者があるとしたら、すぐ、

（こいつ潜りだな）

と、扱われてしまうほどにである。

この奈良の地へ来ては、なおさらのことであった。奈良の現状では、*正倉院が何だか知らないものはほとんどだが、槍の宝蔵院とたずねれば、

「あ、油坂のか」

と、すぐ分る。

そこは興福寺の天狗でも棲んでいそうな大きな杉林の西側にあたっていて、寧楽朝の世の盛りを偲ばせる元林院址とか、光明皇后が浴舎を建てて千人の垢を去りたもうた悲田院施薬院の址などもあるが、それも今は、苔と雑草の中からわずかに当時の石が顔を出しているに過ぎない。

油坂というのはこの辺りと聞いては来たが武蔵は、

「はて？」

と、見まわした。

寺院は幾軒も見て来たが、それらしい山門はない。宝蔵院という門札も見えない。

冬を越して、春を浴びて、一年中でいちばん黒ずんでいる杉のうえから、今が妙齢の采女のように明るくてやわらかい春日山の曲線がながれていて、足もとは夕方に近づい

ていたが、彼方の山の肩にはまだ陽が明るかった。

其処か、此処かと、寺らしい屋根を仰いでゆくうちに、

「お」

武蔵は足を止めた。

——だが、よく見ると、その門に書いてあるのは、甚だ宝蔵院と紛らわしい名で「奥蔵院」としてあるのである。頭字が一つ違っている。

それに山門から奥を覗くと日蓮宗の寺らしく見える。宝蔵院が日蓮宗の檀林であるということはかつて、武蔵も聞かない話であるから、これはやはり宝蔵院とは全く別な寺院に違いない——

ぼんやり山門に立っていた。すると、外から帰ってきた奥蔵院の納所が、うさん臭い者を見るような眼で、武蔵をじろじろながめて通りかけた。

武蔵は笠を脱って、

「お訊ねいたしますが」

「はあ、なんじゃね」

「当寺は、奥蔵院と申しますか」

「はあ、そこに書いてある通り」

「宝蔵院は、やはりこの油坂と聞きましたが他にございましょうか」

「宝蔵院は、この寺と、背中あわせじゃ。宝蔵院へ、試合に行かれるのか」

「はい」

「それなら、よしたらどうじゃの」

「は？　……」

「折角、親から満足にもろうた手脚を、片輪を癒しに来るなら分っているが、何も遠くから、片輪になりに来るにも及ぶまいに」

この納所にも、凡の日蓮坊主ではないような骨ぐみがある、武蔵を見下して意見するのである。武芸の流行もけっこうだが、このごろのように、わんさわんさと押しかけて来られては宝蔵院でも実にうるさい。大体、宝蔵院そのものは、名の示すがように法燈の寂士であって、何も槍術が商売でない。商売というならば宗教が本職で、槍術は内職とでもいおうか、先代の住持、覚禅房胤栄という人が、小柳生の城主柳生宗厳のところへ出入りしたり、また宗厳の交わりのある上泉伊勢守などとも昵懇にしていた関係から、いつの間にか武芸に興味をもち、余技としてやりだしたのが次第にすすんで、槍のつかいようにまで工夫を加え、誰いうとなく宝蔵院流などと持て囃してしまったのであるが、その物好きな覚禅房胤栄という先代は、もう本年八十四歳、すっかり耄碌してしまって、人にも会わないし、会ったところで、歯のない口をふにゃふにゃ動かすだけで、話もわからなければ、槍のことなどは、すっかり忘れてしまっている。

「だから、無駄じゃよ、行ったところで」

と、この納所は、武蔵を追っ払おうとするのが肚か、いよいよ膠も素っ気もない。

二

「そういうことも、噂に聞いて、承知してはおりますが」

と武蔵は、弄られているのを承知の上で、

「――しかし、その後には、権律師胤舜どのが、宝蔵院流の秘奥をうけ、二代目の後嗣として、今もさかんに槍術を研鑽して、多くの門下を養い、また訪う者は拒まずご教導も下さるとか伺いましたが」

「あ、その胤舜どのは、うちのお住持の弟子みたいなものでね、初代覚禅房胤栄どのが、耄碌されてしまったので、折角、槍の宝蔵院と天下にひびいた名物を、つぶしてしまうのも惜しいと仰っしゃって、胤栄から教わった秘伝を、うちのお住持がまた、胤舜に伝え、そして宝蔵院の二代目にすえたのだ」

何か、ぐずねたい言い方をすると思ったら、この奥蔵院の日蓮坊主は、要するに、今の宝蔵院流の二代目は、自分の寺の住持が立ててやったもので、槍術も、その二代目胤舜よりは、日蓮寺の奥蔵院の住持のほうが系統も正しく本格なのだぞ――ということを、暗に外来の武芸者にほのめかせたい気持であったらしい。

「なるほど」

武蔵が一応うなずくと、それを以て満足したらしく、奥蔵院の納所は、

「でも、行って見るかね？」

「せっかく参りましたものゆえ」

「それもそうだ……」

「当寺と、背中あわせと申すと、この山門の外の道を、右へ曲りますか、左へ参りますか」

「いや、行くなら、当寺の境内を通って、裏を抜けて行きなさい、ずッと近い」

礼をいって、教えられた通りに武蔵は歩いた。庫裡の側から寺の地内を裏手へ入ってゆく。するとそこは薪小屋だの味噌蔵だのがあって、五反ほどの畑が展けている。ちょうど田舎の豪農の家囲いのように。

「……あれだな」

畑の彼方に、また一寺が見える。武蔵は、よく肥えている菜や大根や葱のあいだの柔らかい土を踏んで行った。

と——そこの畑に、一人の老僧が鍬をもって百姓をしていた。背中に木魚でも入れたぐらい猫背である。黙然と、鍬の先に俯向いているので、真っ白な眉だけが植えたように額の下から浮き出して見える。鍬を下ろすたびにするカチという石の音だけが、ここの広い閑寂を破っていた。

(この老僧も日蓮寺のほうの者だな)

武蔵は、挨拶をしようと思ったが、土に他念のない老僧の三昧ぶりに憚られて、そっと側を通りかけると、これは何ということだ、下を向いている老僧の眸がジイッと眼の隅から自分の脚もとを射ている。――そして形や声にこそ現われてはいないが、なんともいえないすさまじい気が――心体から発しるものとは思われない――今にも雲を破って摶たんとする雷気のようなものが、びくりと武蔵の全身に感じられた。

はっ――と竦んだ時、武蔵は老僧の静かなすがたを、二間ほど先から振向いていた。迅い槍を跨いだ程度に武蔵の体はぽっと熱くなっていた。傴僂のように尖った老僧の背は後ろを向けたままで、カチ、カチ、と土へ鍬を入れている調子に少しも変りはなかった。

「何者だろう？」

武蔵は大きな疑いを抱きながら、やがて宝蔵院の玄関を見つけた。そこに立って取次を待つ間も、

（ここの二代目胤舜は、まだ若いはずであるし、初代胤栄は、槍を忘れてしまったというほど耄碌していると今聞いたが……）

いつまでも頭の隅に気になっている老僧であった。それを払い退けるように、武蔵はさらに、二度ほど大声で訪れたが、四辺の樹木に木魂するばかりで、奥深そうな宝蔵院の内からは、なかなか取次の答がない。

三

ふと見ると、玄関の横手に、大きな銅鑼の衝立が備えてある。

（ははあ、これを打つのだな）

武蔵が、それを鳴らすと、おおうと、遠くですぐ返辞が聞えた。

出て来たのは、叡山の僧兵にすればさしずめ旗頭にもなれそうな骨格の大坊主である。武蔵のような身装の来訪者は、毎日あつかい馴れている調子である。じろっと一瞥くれて、

「武芸者か」

「はい」

「何しに？」

「ご教授を仰ぎたいと存じて」

「上がんなさい」

右へ指をさす。

足を洗えというのらしい。筧の水が盥に引いてある。摺り切れた草鞋が十足もそこらに脱ぎちらしてあった。

真っ黒な一間廊下を、武蔵は従いて行った。芭蕉の葉が窓に見える一室に入って控えている。取次の羅漢の殺伐な動作をのぞけば、他はどう眺めてもただの寺院にちがいない。燻々と香のにおいすらするのである。

「これへ、どこで修行したか、流名と自身の姓名を誌けて」

子どもへいうように、以前の大坊主が来て一冊の帳面と硯箱とをつきつける。

見ると、

叩門者授業芳名録

宝蔵院執事

とある。開いてみると、無数の武者修行の名が訪問の月日の下に連ねてある。武蔵も前の者に倣って書いたが、流名は書きようもなかった。

「兵法は誰について習ったのか」

「我流でございます。——師と申せば、幼少の折、父から十手術の教導をうけましたが、それもよう勉強はせず、後に志を抱きましてからは、天地の万物を以て、また天下の先輩を以て、みなわが師と心得て勉強中の者でございます」

「ふム……。そこで承知でもあろうが、当流は御先代以来、天下に鳴りわたっている宝蔵院一流の槍じゃ。荒い、激しい、仮借のない槍術じゃ。一応、その授業芳名録のいちばんはじめに認めてある文を読んでからにいたしてはどうだな」

気づかなかったが、そういわれて武蔵は下へ置いた一冊を持ち直して繰ってみると、なるほど書いてある。——当院において授業をうける以上は、万一、五体不具になっても死を招いても苦情は申し上げない、という誓約書である。

「心得ております」

武蔵は微笑してもどした。武者修行をして歩くからには、これは何処でもいう常識だからである。

「じゃあこっちへ――」

と、また奥へ進む。

大きな講堂でもつぶしたのか恐ろしく広い道場であった。寺だけに、太い丸柱が奇異に見えるし、欄間彫の剝げた金箔だの胡粉絵具なども、他の道場には見られない。

自分ひとりかと思いのほか、控え席には、すでに十名以上の修行者が来ている。そのほか法体の弟子が十数名もいるし、ただ見物しているという態の侍たちも相当に多く、道場の大床には今、槍と槍をあわせている一組の試合が行われていて、みな固唾をのんでそれへ見入っているのである。――で武蔵がそっとその一隅へ坐っても、誰ひとり振向いてみる者はない。

望みの者には、真槍の試合にも応じる――と道場の壁には書いてあるが、今立ち合っている者の槍は、単なる樫の長い棒に過ぎない。それでも突かれるとひどいとみえ、やがて一方が刎ねとばされて、すごすご席へ戻って来たのを見ると、太股がもう樽のように腫上がって、坐るにも耐えないらしく、肘をついて、片方の脚を投げ出しながら苦痛を怺えている容子だった。

「さあ、次っ」

法衣の袂を背で結んで、脚も腕も肩も額も瘤で出来あがっているかのように見える傲岸な法師が、一丈余もある大槍を立てて、道場のほうから呼んでいた。

四

「では、それがしが――」

一人が席から起った。これも今日、宝蔵院の門をたたいた武者修行の一人らしい。革だすき綾どって道場の床へすすんでゆく。

法師は、不動の姿勢で突っ立っていたが、次に出て来た相手が、壁から選み把った薙刀を持って、自分の方へ向って、挨拶をしかけると真っ直に立てていた槍を、

「うわッ！」

いきなり山犬でも吠えたような声を出して、相手の頭へ撲り落して行った。

「――次っ」

すぐまた、平然と大槍を立てて元の姿勢に返っているのである。撲られた男は、それきりだった。死んだ容子はないが、自分の力で顔を上げることも出来ないのだ。それを二、三人の法師弟子が出て来て、袴腰をつかんでずるずると席のほうへ引っ張り込む、その後に血の交じった涎が糸をひいて床を濡らしている。

「次は？」

突っ立っている法師はあくまで傲岸だ。武蔵は初め、その法師が宝蔵院二代目の胤舜かと思って見ていたが、側の者に訊いてみると、彼は阿巌という高弟の一人であって胤舜ではない、たいがいな試合でも、宝蔵院七足といわれる七人の弟子で間に合っている

ので、胤舜が自身で立合うなどという例はまずないというのである。

「もうないのか」

法師は、槍を横にした。授業者の名簿をもって、先刻、取次にあらわれた坊主が、帳面とそこらの顔を照らし合せ、

「其許は」

と、顔をさしていう。

「いや……いずれまた」

「そちらの人は」

「ちと、きょうは気が冴えんので――」

なんとなく皆、怯み渡ってしまった気ぶりである。幾番目かに武蔵が顎を向けられて、

「おてまえはどうする？」

武蔵は、頭を下げ、

「どうぞ」

といった。

「どうぞとは？」

「お願い申す」

起つと、一同の眼が武蔵を見た。不遜な阿巌という当の法師はもう引っ込んで、他の

法師たちの中でげらげら何か笑っているのであったが、道場へ次の相手が出たので振向いた。しかしもう厭気がさしてしまったらしく、

「誰か、代れ」

と不性を極め込んでいる。

「まあ、もう一人じゃないか」

そういわれて、彼は、渋々また出て来た。つかい馴れているらしい真っ黒に艶の出ている前の槍を持ち直すとその槍を構え、武蔵へは尻を向けて、人もいない方へ、

ヤ、ヤ、ヤ、ヤッ！

と怪鳥の叫ぶような気合いを発したかと思うと、いきなり槍もろとも駈けだして行って、道場の突当りの板へどかんとぶつけた。

そこは日ごろ彼らの槍を鍛える稽古台にされているとみえ、一間四方ほど新しい板に張り代えてあるのに、彼の真槍でもないただの棒は、鋭い穂で貫いたようにぶすッとそこを突き抜いていた。

――えおっッ！

奇態な声を発しながら槍を手繰り返すと阿巌は、舞うように、武蔵のほうへ向って躍り返った。節くれ立ったその体からは精悍な湯気がのぼっていた。そして彼方に木剣を提げて、いささか呆れたかのように立っている武蔵のすがたを遠くから睨んで、

「――行くぞっ」

羽目板を突きぬく気をもって踵をすすみかけた時である。窓の外から誰か笑っていう者があった。

「――馬鹿よ、阿巌坊の大たわけよ、よく見よ、その相手は、羽目板とちと違うぞ」

五

槍を構えたまま、阿巌は横を向いて、

「――誰だっ？」

と、吸鳴った。

窓の際には、まだ笑いやまない声がくすくすいっている。骨董屋の手にかけたような照りのある頭と白い眉がそこから見えた。

「阿巌、無駄じゃよ、その試合は。――明後日にせい。胤舜がもどってからにせい」

老僧は止めるのであった。

「あ？」

武蔵は思い出した。先刻ここへ来る途中、宝蔵院の裏の畑で鍬をもって百姓仕事をしていたあの老僧ではないか。

そう思うまに、老僧の頭は、窓の際から消えていた。阿巌は老僧の注意で一度は槍の手をゆるめたが、武蔵と眸をあわせると、途端にそのことばを忘れてしまったように、

「何をいうかっ」

と、すでにそこにいない者を罵(ののし)って、また槍を持ち直した。

武蔵は、念のために、

「よろしいか」

といった。

阿巌の憤怒を煽(あお)るには十分であった。彼は、左の拳(こぶし)の中に槍をふかく吸い入れて、床(ゆか)から身を浮かした。筋肉のすべてが鉄のような重厚さを持っているのに、床と彼の脚とは、着いているとも見えるし、浮いているとも見えて、波間の月のように定まりがない。

武蔵は、固着していた、一見そう見える。

木剣は真っ直に両手で持っているというほか、べつだん特異な構えではなかった。むしろ六尺に近い背(せい)のために、間の抜けたようにさえ思われるのである。そして筋肉は、阿巌のように節くれ立っていなかった。ただ、鳥のように瞠(みは)ったままの眼をしている。その眸はあまり黒くなかった。眸の中に血がにじみ込んでいるように、琥珀(こはく)色をして透き徹っている。

阿巌はぴくと顔を振った。

汗のすじが額(ひたい)を縦に通ったので、それを払うつもりであったのか、老僧の言葉が耳に残っていて邪魔になるので、それを意識から払おうとしたのか、とにかく焦立(いらだ)っていることは事実である。頻りと、位置を換(か)える。まったく動かないでいる相手に対して、絶えず誘いをかけ、また自分から窺うことを怠らない。

――いきなり突いて行ったと見えた時は、ぎゃッという声が床へたたきつけられていた。武蔵は木剣を高くあげてその一瞬にもう跳び退いているのだ。

「どうしたッ？」

どやどやと阿巌のまわりには同門の法師たちが駈け寄って真っ黒になっていた。阿巌の抛り出した槍を踏んづけて転げた者があるほどな狼狽であった。

「薬湯、薬湯っ、薬湯を持って来い――」

起って叫ぶ者の胸や手には血しおがついていた。

いちど窓から顔を消した老僧は、玄関から廻ってここへ入って来たが、その間にこの始末なので、苦りきって傍観していた。そしてあたふた駈け出す者を止めていった。

「薬湯をどうするか、そんなものが間に合うほどなら止めはせん。――馬鹿者っ」

六

誰も彼を止める者はなかった。武蔵はむしろ手持ちぶさたを感じながら、玄関へ出て、わらじを穿きかけていた。

すると、例の猫背の老僧が、追って来て、

「お客」

と、後ろで呼んだ。

「は。——拙者？」

肩越しに答えると、

「ごあいさつ申したい。もいちどお戻りくだされい」

という。

導かれて、ふたたび奥へ入ったが、そこは前の道場よりはまた奥で、塗籠(ぬりごめ)といってもよい真四角で一方口の部屋だった。

老僧は、ぺたと坐って、

「方丈があいさつに出るところじゃが、つい昨日摂津(せっつ)の御影(みかげ)まで参ってな、まだ両三日せねば帰らぬそうじゃ。——で、わしが代ってごあいさつ申す仕儀でござる」

「ごていねいに」

と、武蔵も頭を下げ、

「きょうは計らずも、よいご授業をうけましたが、ご門下の阿巌どのに対しては、なんともお気の毒な結果となり、申し上げようがござりませぬ」

「なんの」

老僧は打ち消して、

「兵法の立合いには、ありがちなこと。床(ゆか)に立つまえから、覚悟のうえの勝敗じゃ。お気にかけられな」

「して、お怪我(けが)のご様子は？」

「即死」

老僧のそう答えた息が、冷たい風のように武蔵の顔を吹いた。

「……死にましたか」

自分の木剣の下に、きょうも一つの生命が消えたのである。武蔵は、こうした時には、いつもちょっと瞑目して、心のうちで称名を唱えるのが常であった。

「お客」

「はい」

「宮本武蔵と申されたの」

「左様でござります」

「兵法は、誰に学ばれたか」

「師はありませぬ。幼少から父無二斎について十手術を、後には、諸国の先輩をみな師として訪ね、天下の山川もみな師と存じて遍歴しておりまする」

「よいお心がけじゃ。――しかし、おん身は強すぎる、余りに強い」

賞められたと思って、若い武蔵は顔の血に恥じらいをふくんだ。

「どういたしまして、まだわれながら未熟の見えるふつつか者で」

「いや、それじゃによって、その強さをもすこし撓めぬといかんのう、もっと弱くならにゃいかん」

「ははあ？」

「わしが最前、菜畑で菜を耕っておると、その側をおてまえが通られたじゃろう」

「はい」

「あの折、おてまえはわしの側を九尺も跳んで通った」

「は」

「なぜ、あんな振舞をする」

「あなたの鍬が、私の両脚へ向って、いつ横ざまに薙ぎつけて来るかわからないように覚えたからです。また下を向いて、畑の土を掘っていながら、あなたの眼気というものは、私の全身を観、私の隙をおそろしい殺気でさがしておられたからです」

「はははは、あべこべじゃよ」

老僧は、笑っていった。

「お身が、十間も先から歩いて来ると、もうおてまえのいうその殺気が、わしの鍬の先へびりッと感じていた。——それほどに、お身の一歩一歩には争気*がある、覇気がある。当然わしもそれに対して、心に武装を持ったのじゃ。もし、あの時わしの側を通った者が、ただの百姓かなんぞであったら、わしはやはり鍬を持って菜を耕っているだけの老いぼれに過ぎんであったろう。あの殺気は、つまり、影法師じゃよ、はははは、自分の影法師に驚いて、自分で跳び退いたわけになる」

七

果たしてこの猫背の老僧は凡物でなかったのである。武蔵は、自分の考えがあたっていたことを思うとともに、初対面のことばを交わす前から、すでにこの老僧に負けている自分を見出して、先輩の前に置かれた後輩らしく膝を固くせずにはいられなかった。

「ご教訓のほど、有難く承りました。して、失礼ですが、貴僧はこの宝蔵院で、何と仰っしゃるお方ですか」

「いやわしは、宝蔵院の者ではない。この寺の背中あわせの奥蔵院の住持日観というものじゃが」

「あ、裏の御住職で」

「されば、この宝蔵院の先代の胤栄とは、古い友達での、胤栄が槍をつかいおるので、わしもともに習うたものだが、ちと考えがあって、今では一切、手に取らんことにしておる」

「では、当院の二代目胤舜どのは、あなたの槍術を学んだお弟子でございますな」

「そういうことになるかの。沙門に槍など要らぬ沙汰じゃが、宝蔵院という名が、変な名前を世間へ売ってしもうたので、当院の槍法が絶えるのは惜しいと人がいうので胤舜にだけ伝えたのじゃ」

「その胤舜どのがお帰りの日まで院の片隅へでも、泊めておいて貰えますまいか」

「試合うてみる気か」

「せっかく、宝蔵院を訪れたからには、院主の槍法を、一手なりと、拝見したいと思いますので」

「よしなさい」

日観は、顔を振って、

「いらぬこと」

と、たしなめるように重ねていう。

「なぜですか」

「宝蔵院の槍とは、どんなものか、今日の阿巌の技で、お身はたいがい見たはずじゃ。あれ以上の何を見る必要があるか。——さらに、もっと知りたくば、わしを見ろ、わしのこの目を見ろ」

日観は肩の骨を尖らして、武蔵と睨めっこするように、顔を前へつき出した。くぼんでいる中の眼球が飛び出して来るように光った。じっと見つめ返すと、その眼は、琥珀色になったり暗藍色になったりいろいろに変って光る気がするのである。武蔵は、遂に眼が痛くなって、先にひとみを外してしまった。

日観は、カタカタと板を鳴らすように笑った。後ろへ、ほかの坊主が来て、何か訊ねているのである。日観は顎をひいて、

「ここへ」

と、その坊主へいった。

すぐ高脚の客膳と飯びつが運ばれて来た。日観は、茶碗へ山もりに飯を盛って出した。

「茶漬けを進ぜる。お身ばかりでなく、一般の修行者にこれは出すことになっておる。当院の常例じゃ。その香の物の瓜は、宝蔵院漬というて、瓜の中に、紫蘇と唐辛子を漬けこんであって、ちょびと美味い。試みなされ」

「では」

武蔵が箸を取ると、日観の眼をまたぴかりと感じる。向うから発する剣気か、自分から出る剣気が相手に備えさせるのか、武蔵は、その間の微妙な魂の躍動が、どっちに原因するとも判断がつかないのであった。

下手に、瓜の漬物などを嚙みしめていると、かつての沢庵和尚のように、いきなり拳が飛んでくるか、長押の槍が落ちてくるかも分らないのだ。

「どうじゃの、お代りは」

「十分、いただきました」

「ところで宝蔵院漬の味は、いかがでござった？」

「結構でした」

しかし武蔵は、その時そうは答えたものの、唐辛子の辛さが舌に残っているだけで、ふた切れの瓜の風味は外に出ても思い出せなかった。

註　解

＊16　**金吾中納言秀秋**　天正一〇〜慶長七（一五八二〜一六〇二）

豊臣秀吉の正室、北政所（高台院）の兄木下家定の子で、三歳のとき秀吉の養子となった。しかし、文禄二（一五九三）年に秀頼が誕生したからか、翌三年に小早川隆景の養子となり、種々の問題を起こして秀吉に疎外され、関ケ原の戦では西軍に属していながら裏切って東軍に内応し、裏切り中納言の汚名を残した。慶長七年、二十一歳で没したが、嗣子がなかったので、鎌倉時代以来の小早川氏の本宗は断絶した。

＊18　**旗差物**

昔、鎧の背にさして、目じるしとした小旗。

＊18　**陣刀**

戦陣で使用する刀。軍刀。じんがたな。

＊20　**浮田中納言**　元亀三〜明暦一（一五七二〜一六五五）

備前三宅氏の流れで、浮田とも宇喜田とも書くが、一般的には「宇喜多」。直家の二男で、秀吉の寵をうけ、秀吉の一字を与えられて秀家と改名した。文禄、慶長の役（朝鮮出兵）の功により、帰国後五大老の一員となったが、関ケ原の戦で西軍に与したため、慶長十一年、嫡子孫九郎ら主従十一人とともに八丈島に流罪となり、明暦元年、配所で没した。八十四歳。

＊20　**新免伊賀守**　？〜元和五（？〜一六一九）

備前宇喜多氏の家臣で三千六百五十石。美作国吉野郡竹山城主・貞弘の子で宗貫。母は竹中半兵衛の姉。慶長五年の関ケ原戦に従軍、敗戦後美作に帰り、のち黒田長政に召し抱えられた。

＊20　**姦見物**

忍びの斥候のこと。多人数のを「大かまり」、数人のを「伏せかまり」という。

＊40　**八幡座**

八幡大菩薩の宿る所の意から、かぶとの鉢の中央にある穴。神宿り、天辺。

＊42　**佐用郷**

昔、播磨国佐用郡佐用郷（さよは佐与に由来する）。今、兵庫県佐用郡佐用町。千種川支流の佐用川流域を占める農林業の町。宮本武蔵の生地と伝えられる。

＊43　**美作の吉野郷**

美作国英田郡十二郷の一つで、「英多郡吉野郷。今吉野村、大吉村是なり。讃甘の西、大野の北とす、南は英田郡界に至る」と和名抄にある。現在の岡山県英田郡作東町五名・山手を中心とする地域。

＊80 **行成風**（こうぜいふう）
平安中期の書家・藤原行成（ふじわらのゆきなり）（こうぜい）の書風。

＊84 **作男**（さくおとこ）
雇われて農耕に従事している男。下男（げなん）。

＊88 **荒神様**（こうじんさま）
三宝荒神の略で、仏・法・僧の三宝を守る神さま。俗に、かまどの神さまとして台所に祭る。荒々しい神さま。ご利益のある神さま。

＊111 **追捕**（ついぶ）
追いかけて捕えること。ついふ、ついほとも。

＊112 **鹿垣**（ししがき）
猪や鹿などの獣が田畑に侵入するのを防ぐためのもの。猪垣とも。

＊124 **孫子呉子**（そんしごし）
孫武、呉起の著した中国の兵法書。

＊125 **入懇**（じっこん）
ごく親しいこと。ねんごろ。昵懇。入魂。

＊126 **竪子**（じゅし）
年少者や未熟者を悪く言う語。青二才。子供。童（わらべ）。

＊203 **夏隣り**（なつどなり）
夏に近くなった季節。晩春。

＊234 **行雲流水**（こううんりゅうすい）
物事にこだわらず、なりゆきにまかせて行動すること。あちこち転々とすること。

＊247 **腕木門**（うでぎもん）
二本の本柱を立てて冠木（かぶき）を差し、腕木と出桁（だしげた）で屋根をささえた門。木戸門とも。

＊272 **阿国歌舞伎**（おくにかぶき）
慶長年間、出雲大社の巫女（みこ）阿国が京都へ出て、念仏踊りなどを演じたもので、歌舞伎の始まりという。

＊277 **江州、作州**（ごうしゅう、さくしゅう）
江州は近江国（おうみのくに）、今の滋賀県のこと。作州は美作国（みまさかのくに）、今の岡山県北部の別称。

＊323 **木賃**（きちん）
この場合は「木賃宿（きちんやど）」の略。木賃（薪代（まきだい））を払わせて旅客を泊める粗末（そまつ）な宿。木賃のやすい宿。下世話（げせわ）では「モクチンホテル」といった。

＊378 **正倉院**（しょうそういん）
奈良市東大寺大仏殿の西北にある校倉造り（あぜくらづくり）の宝庫を含む一郭。あるいは宝庫をいう。

＊379 **宝蔵院**（ほうぞういん）
近世、奈良の興福寺にあった塔頭の一つ。槍の一流派「宝蔵院流」については本文に詳しい。

＊395 **争気**（そうき）
人と競争しようとする気持ち。

自力の人

永井龍男

吉川さんは小柄な質で、日常の起居にもまったく眼立つところはなかった。

若い時から吉川さんに親炙したわれわれは、その折々の風貌姿勢を思い浮べながら、すでに十八年在りし日を偲んできたのだが、馴れるということは怖いもので、いつの間にかその人が生き抜いた経路を当然のことのように思い込んでしまっている。

自伝に依ると、少年時代の吉川さんの苦労は、一通りや二通りのものではない。明治二十五年横浜に生れ、生家は裕福で、英語の個人教授をうけたりするが、十二歳の時にわかに家運が傾いてからは、長男として印章店の小僧（俗に云うはんこ屋）を振出しに、少年活版工、給仕、雑貨店の店員、土工の手伝、船具工と十代の後半まで家計のために職場を転々とした上、横浜ドックに入ってくる船の修理工として働くうち、重傷を負って倒れ、危く一命を取り止めたことは、後に自ら「かんかん虫は唄う」という長篇で語っている。

さぞ小作りだったろう少年が、如何にして相次ぐ苦闘に耐え得たか、精神力と云い捨てるのは至極簡単だが、その精神力を支えたものは何であったろうか。この少年は、貧苦に追われる日々にもめげず、わずかな暇をぬすんでは、雑誌に文章を投書することを無上の悦びとしたというが、彼の守護神は大怪我を救ったのみならず、この入院生活中に彼の進むべき道を指し示し鼓舞した。

退院と同時に上京、絵師、新聞記者と職をかえること二十余といわれ、関東大震災に遭遇の後は、更に積極的に文筆生活に生命を賭け、大衆文芸の制作に邁進した。それからの業蹟は、この全集五十三巻が吉川英治の総てを余すところなく伝えている。

自らは、あらゆる困苦に耐えて幾多の傑作を生み、人に対しては総てに優しかった大作家と附け加えれば、この人を語り得たことになるだろうか。

（作家）

●作品紀行

宮本武蔵の旅㈠

伊藤桂一（作家）

武蔵のふるさと作州宮本村

「宮本武蔵」が、まだ新聞に連載されているころ、私は一個の兵隊として、中国の戦場に身を置いていた。終戦の翌年、私は七年の戦務を終えて、疎開先の伊勢の山村へ復員してきたが、その時、いちばんはじめに読んだのが「宮本武蔵」だった。この小説が、私の心身の疲れを癒やすのに、どれほど役立ってくれたかしれない。私が、いつか武蔵のふるさとを訪ねてみよう、とひそかに心に期したのは、その時だったのである。

その、武蔵のふるさと、作州宮本村は、今は大原町宮本となっている。訪ねてみると、そこは、美作と播磨の山々に囲まれた、小さな盆地だった。盆地の中心を南北に吉野川が流れ、東の山間部を縫ってきた宮本川は、武蔵の生家跡と讃甘神社の間を抜け、因幡街道をくぐって、吉野川へ向けて流れている。どこもかもひっそりとした山里の眺めである。少年武蔵のいたころと、風物に、さしてかわりもないのではないか、と思えるほどだ。

山里――ではあるけれども、ここは思いのほかに訪ねやすい。岡山や鳥取からもバスが通うが、国鉄姫新線を佐用駅で下車して、神姫バスに乗りつぐと、わずか四十分ほどで宮本に着く。山間部をぬけて、因幡街道に出たところが、宮本という停留所である。ここから南へ五分歩くと、荒巻大明神を祀る讃甘神社の前へ出る。神主の打つ太鼓の撥の手振りをみて、武蔵が二刀流を編み出す暗示を得た、といわれる社である。杉の巨木に囲まれて、古びた社殿がある。境内からは、宮本川の小流れを隔てて、すぐそこに生家跡がみえる。

私は、この地の武蔵研究家の船曳芳夫さんから、少々話をきき、武蔵の生家の切絵図の写しをもらったが、敷地は約千坪ある。生家跡は街道に面し、川寄りの一隅に「宮本武蔵生誕之地」と彫った大きな碑があり、それを中心にして、まわりに顕彰碑や句碑などが、いくつも建っている。武蔵の父、新免無二斎存命のころは、屋敷は「宮本の構え」と呼ばれていた。出城――という意味である。街道から、碑群に背を向けて反対方向に眼をやると、平地の中程に武蔵道場という大きな剣道道場がみえ、その向うに、こんもりと緑を盛り上げた一丘陵がみえるが、その丘陵の端に、新免家の居城竹山城があったのだ。こうした景観の中に立っていると、武蔵の実在感が、しきりに感じとれてきたものだ。

武蔵の出身地は、しかし、美作説と播磨説とにわかれている。船曳さんは、たんねんな調査を重ねて、美作出生説をしっかりと支持しているが、その説の中心になるものは、九州小倉にある。養子伊織が、武蔵の死後九年目に建てた碑の文面の中に「年十三ニシテ始メテ播州ニ到リ」という文字があるからである。つまり十三までは、武蔵はこの宮本村で暮し、勉学や剣の修業にいそしんだということになる。

武蔵の生家は、元和九年に焼けて、その後建てかわってきた家には、新免家の末裔である平田家の人たちが住み継いできた。碑群のすぐうしろにある一棟には、武蔵関係の遺品、五輪書の下書きと称されるものや、書画、または弓槍のたぐいがびっしりと展示されているが、展示物を見させてもらっていると、傍らで、子孫に当る高齢のお婆さんが、音吐朗々と武蔵の事蹟を解説してくれる。その口ぶりがまことに面白い。宮本川の水音を聴くに似て、緩急よろしきを得て耳ざわりも快く、武蔵の徳をめんめんと説く。

街道は、武蔵生家の脇から、坂道をたどって山間へわけ入ってゆくが、これが、釜坂峠への道である。少年武蔵は、釜坂峠を越えて庵というところまで行き、そこの正蓮庵という寺で、道林坊という僧に剣を習っていた。行手にイタチでも出て来そうな、寂しい峠道だが、この峠道をたどっていると、思いはそのまま昔の日に通ってゆくようである。

峠へ向う途中の、右手の台上の木立の中に墓域があり、その一隅に武蔵の墓碑と、父母の墓碑が並んで建っている。武蔵の墓碑は、自然石に「賢正院玄信二天居士」と彫られ、両親のもそれぞれに戒名が彫られている。いずれも、後年、新免家の末裔によって建てられたものである。

墓域に隣接して、武蔵神社がある。峠道をたどると参道の前に出るが、墓域から奥へぬけてゆく道もある。武蔵神社の鳥居の脇には、武蔵の真筆を拡大刻字した「戦気」の碑があり、その文字の下に「寒流帯月澄如鏡」と彫られているが、もともと気魄に満ちた書が、石に彫られたためにさらに鮮烈な冴えをみせて眼を惹く。清冽凝ってしずくを生むような書体である。境内には、武蔵の有明な人生哲学「神仏を貴んで神仏を頼まず」などの二十一個条を記した「独行道」の碑がある。境内の一方に、柵で囲んで一基の五輪の供養塔が建っているが、これは武蔵と闘って敗れた、佐々木小次郎他六十余名の剣士の霊を弔うものである。

武蔵神社を出て、峠道を下ってゆくとき、私の胸には、三十余年の願いをようやく果たして、武蔵のふるさとを訪ね得た満足感が、しずかにみちわたっていた。峠道にはやはり人影もない。芒の穂がなびき、ひっそりと柿の実が熟れはじめていた。

心にのこる花田橋

武蔵の里から、姫路へもどってきた私は、ここで、みておきたいところが二ヵ所あったので、そこへ廻った。その一つは、武蔵とお通が落ち合うことを約した花田橋である。これは瀬田の唐橋、京の五条の橋とともに「宮本武蔵」の中では、もっとも心に残る橋である。

その花田橋——は、今は小川橋と呼ばれている。橋もむろん鉄橋になっている。橋のほとりに立つと、遠い山々を背に姫路城が小さくみえた。川は市川と呼ばれるが、川幅は広く、澄んだ水がゆたかに流れて、岸の柳が風に揺れている。それだけをみていれば、ここにもおのずと、武蔵やお通の心情を偲ばせるものはある。このあたり、みるかぎりひろびろとした、播州平野の一角である。

もうひとつ、みておきたかったところは、飾磨浦である。昔、大坂から西へ向う船は、尼崎、西宮、神戸、兵庫、明石、高砂、飾磨——と寄港して行った。お通は乳母の里であるこの飾磨浦で、武蔵の乗った船の着くのを待ちわびる。その武蔵は、佐々木小次郎との決闘をするために、九州小倉へ向ってゆきつつある。

姫路から、山陽電鉄で飾磨駅へ来ると、その付近には、紅殻塗りの四本格子の外囲いのある古い民家も残っていて、昔の港町の気配がそこはかとなく漂っている。

柳生一族と武蔵を求めて……

武蔵をさがしあぐねたお通が、長らく世話になっていた柳生谷は「宮本武蔵」全巻の中で、もっとも異色ある土地ということになるかもしれない。なによりもここは、山深い隠れ里である。しかも、柳生一族の力強い息吹に満ちている——。

その柳生の里——を、もっともよく見渡すことのできる場所は、奈良市方面から、柳生街道をいちばん奥へたどりつめてきた、柳生谷の東の台上にある、芳徳寺の境内ということになるだろう。奈良市から柳生谷へ向ってくるには、昔は、春日山と高円山の谷合いの道、滝坂道をのぼってきた。いまもこの道は、昔のままに残っていて、鬱蒼とした木立の底に石だたみの道がつづき、途中に、磨崖仏や石仏がいくつもある。

滝坂道をたどり切ると、石切峠を越えることになる。峠を下り切ると、茶店があるが、まるで江戸時代そのままの風情をみせている古びた構えの茶店である。あたりに二十戸ほどの農家のちらばる、山村の趣を眺めながら、店先の縁台で茶をもてなされ、話し好きの爺さんから、峠の話をきいていると、時のたつのを忘れてしまう。

石切峠をあとに、大慈仙という聚落まで来ると、ここで、奈良市方面から通じる新しい道路とぶつかり、新道と旧街道は、触れたり離れたりしながら、ともに柳生谷へ向う。この道筋で、もっとも眼を惹くのは忍辱山円成寺である。藤原時代の舟遊式浄土庭園を控えた古刹の大伽藍は、道路の傍らにある。ここから柳生谷までの間にも、みどころのある神社や仏閣が点在する。

旧街道は、山裾をたどって柳生谷へ入るが、城址（といっても陣屋址だが）の近くへ来ると、山ぎわに、当時の家老屋敷が一軒残っているのがみえる。高く石垣を築いたみごとな邸宅だが、これが、柳生家の納戸家老小山田主鈴の屋敷である。

芳徳寺は、家老屋敷のさらに先にあるが、この寺は柳生家の菩提寺である。従って、境内の奥の林の中に、一族の墓所がある。寺の山門脇にも、二蓋笠の紋標が飾ってある。境内の一方から眼下に柳生谷を臨むと、谷間の中心に城址がみえる。城址へは石段が通じているが、台上には当時の遺構というものはなにもない。しかし、みつめていると、柳生家華やかなりしころの幻が自然にみえてくるのは、まわりを囲む山々が、なんとも形よいたたずまいをみせているからだろう。城址に接して摩利支天山や八坂神社の森があり、段々畑や水田や民家の眺めもいい。ほっと、ためいきの出るほども、歴史の中へ深く身を浸している実感が湧いてくる。

この芳徳寺と、対向する形で、西北の山裾のひとところに、十兵衛手植の杉の大樹がある。樹齢三百六十年。十兵衛杉と呼ばれる。柳生の里をみまもってきた杉の木だ。「古城の山にむき立つ大杉は天をつらぬき夏冬をすむ」という歌碑が建っているが、この杉の木の下に立って、遠く眼下に、柳生の里を望みみるのも味わいが深い。ここからみる柳生街道は、ゆるやかに曲り曲って、月ケ瀬の方への、山かげに消えてゆく。

吉川英治歴史時代文庫の表記について

吉川英治歴史・時代文庫の表記は著作権者との話合いで、児童作品を除き、次のような方針で行っております。

一、作品は新かなづかいを原則とする。ただし、引用文は原文のままとする。

二、送りがなは改定送りがなに準拠する。ただし、原文が許容されている送りがなを使用している場合は本則によらず、そのままとする。

（例）引揚げる。打明ける。

また、辺の場合など、ヘンかアタリか、親本のルビを基とし、ルビなく、どちらともとれるときは、辺のままとする。

三、原文の香気をそこなわないと思われる範囲で、漢字をかなにひらく。ただし、作品別、発表年代別に慎重を期する。

（例）然し→しかし　但し→ただし（接続詞）

噫→ああ　呀→あっ（感動詞）

迄→まで　位→くらい（助詞）

凝っと→じっと　猶→なお（副詞）

儘→まま（形式名詞）

例外の場合

御机→お机（御身→御身（おんみ））（接頭語）

四、会話の『　』は「　」にする。

五、くりかえし記号　ゝ　〳〵　々々は原則として使用しない。

なお、作品中に、身体の障害や人権にかかわる差別的な表現がありますが、文学作品でもあり、かつ著者が故人でもありますので、一応そのままにしました。ご諒承ください。

吉川英治歴史時代文庫 14
宮本武蔵(一)
一九八九年十一月十一日第一刷発行
二〇〇二年三月八日第三十二刷発行
著者——吉川英治
発行者——野間佐和子
発行所——株式会社講談社
東京都文京区音羽二—一二—二一
郵便番号一一二—八〇〇一
電話 編集部 〇三—五三九五—三五〇五
販売部 〇三—五三九五—五八一七
業務部 〇三—五三九五—三六一五
印刷——凸版印刷株式会社
製本——株式会社国宝社

定価はカバーに表示してあります。
Printed in Japan ISBN4-06-196514-X

創業80周年記念出版

吉川英治歴史時代文庫　全80巻　補巻5

第一回配本　平成元年（一九八九）四月――

33 三国志(一)　序　桃園の巻　群星の巻
34 三国志(二)　群星の巻（つづき）　草莽の巻
35 三国志(三)　草莽の巻（つづき）　臣道の巻
36 三国志(四)　孔明の巻　赤壁の巻
37 三国志(五)　赤壁の巻（つづき）　望蜀の巻
47 新・平家物語(一)　ちげくさの巻　九重の巻
48 新・平家物語(二)　九重の巻（つづき）　ほげんの巻　六波羅御幸の巻
77 忘れ残りの記　付／自筆年譜

第二回配本　平成元年（一九八九）五月――

38 三国志(六)　望蜀の巻（つづき）　図南の巻
39 三国志(七)　図南の巻（つづき）　出師の巻
40 三国志(八)　五丈原の巻　篇外余録

第三回配本　平成元年（一九八九）六月――

49 新・平家物語(三)　六波羅御幸の巻（つづき）　常磐木の巻
50 新・平家物語(四)　石船の巻　みちのくの巻
46 平の将門
51 新・平家物語(五)　みちのくの巻（つづき）　火乃国の巻　御産の巻
52 新・平家物語(六)　御産の巻（つづき）　りんねの巻
53 新・平家物語(七)　りんねの巻（つづき）　断橋の巻　かまくら殿の巻
71 新・水滸伝(一)
72 新・水滸伝(二)

第四回配本　平成元年（一九八九）七月――

54 新・平家物語(八)　かまくら殿の巻（つづき）　三界の巻
55 新・平家物語(九)　くりからの巻　一門都落ちの巻
73 新・水滸伝(三)

74 新・水滸伝(四)

第五回配本　平成元年(一九八九)八月

56 新・平家物語(十)　一門都落ちの巻(つづき)　京乃木曽殿の巻

57 新・平家物語(十一)　ひよどり越えの巻　千手の巻

58 新・平家物語(十二)　千手の巻(つづき)　やしまの巻

45 大岡越前

第六回配本　平成元年(一九八九)九月

2 鳴門秘帖(一)　土方の巻　江戸の巻

3 鳴門秘帖(二)　江戸の巻(つづき)　木曽の巻　船路の巻

59 新・平家物語(十三)　やしまの巻(つづき)　浮巣の巻

60 新・平家物語(十四)　壇ノ浦の巻　悲弟の巻

第七回配本　平成元年(一九八九)十月

4 鳴門秘帖(三)　船路の巻(つづき)　鳴門の巻　剣山の巻

61 新・平家物語(十五)　悲弟の巻(つづき)　静の巻

62 新・平家物語(十六)　静の巻(つづき)　吉野雛の巻

43 上杉謙信

第八回配本　平成元年(一九八九)十一月

14 宮本武蔵(一)　序　地の巻　水の巻

15 宮本武蔵(二)　水の巻(つづき)　火の巻

16 宮本武蔵(三)　火の巻(つづき)　風の巻

44 黒田如水

第九回配本　平成元年(一九八九)十二月

17 宮本武蔵(四)　風の巻(つづき)

18 宮本武蔵(五)　風の巻(つづき)　空の巻

78 神州天馬侠(一)

79 神州天馬侠(二)

第十回配本　平成二年(一九九〇)一月

19 宮本武蔵(六)　空の巻(つづき)　二天の巻

20 宮本武蔵(七) 二天の巻(つづき) 円明の巻

21 宮本武蔵(八) 円明の巻(つづき)

80 神州天馬侠(三)

第十一回配本 平成二年(一九九〇)二月——

41 源頼朝(一)

42 源頼朝(二)

63 私本太平記(一) あしかが帖 婆裟羅帖

64 私本太平記(二) 婆裟羅帖(つづき) みなかみ帖 帝獄帖

第十二回配本 平成二年(一九九〇)三月——

65 私本太平記(三) 帝獄帖(つづき) 世の辻の帖

66 私本太平記(四) 八荒帖 千早帖

5 江戸三国志(一)

6 江戸三国志(二)

第十三回配本 平成二年(一九九〇)四月——

7 江戸三国志(三)

67 私本太平記(五) 新田帖 建武らくがき帖

68 私本太平記(六) 建武らくがき帖(つづき) 風花帖

69 私本太平記(七) 風花帖(つづき) 筑紫帖 湊川帖

第十四回配本 平成二年(一九九〇)五月——

70 私本太平記(八) 湊川帖(つづき) 黒白帖

22 新書太閤記(一)

23 新書太閤記(二)

24 新書太閤記(三)

第十五回配本 平成二年(一九九〇)六月——

25 新書太閤記(四)

26 新書太閤記(五)

27 新書太閤記(六)

9 牢獄の花嫁

【全巻完結】